好口才

简单有效的社交沟通

孙海成 编著

应急管理出版社
·北 京·

图书在版编目（CIP）数据

好口才：简单有效的社交沟通／孙海成编著．－－北京：应急管理出版社，2020

ISBN 978－7－5020－7403－6

Ⅰ．①好…　Ⅱ．①孙…　Ⅲ．①心理交往—口才学—通俗读物　Ⅳ．①C912．13－49

中国版本图书馆 CIP 数据核字（2020）第 008143 号

好口才：简单有效的社交沟通

编　　著	孙海成
责任编辑	高红勤
封面设计	刘　霄
出版发行	应急管理出版社（北京市朝阳区芍药居 35 号　100029）
电　　话	010－84657898（总编室）　010－84657880（读者服务部）
网　　址	www. cciph. com. cn
印　　刷	北京温林源印刷有限公司
经　　销	全国新华书店
开　　本	880mm×1230mm $^{1}/_{32}$　**印张**　$8^{1}/_{2}$　**字数**　200 千字
版　　次	2020 年 8 月第 1 版　2020 年 8 月第 1 次印刷
社内编号	20192373　**定价**　38．00 元

前言

语言是人类的栖居之地，是人与人相互交流和沟通必不可少的工具。我们每天都要跟人讲话，有的话用来陈述观点，有的话用来沟通感情，有的话用来说服对方。如何把话说得准确得当，说得对方爱听，是每个人必修的功课。

如果说在武侠小说中，人们凭借一身功夫就能纵横江湖，那么在现实世界里，口才和功夫无疑有着异曲同工之处——那些能言善辩之人总能左右逢源、化险为夷，总有办法凭借一张嘴成就一番事业。

放眼各行各业的风云人物，哪个不是出口成章、能言善辩的高手？没有良好口才的奥巴马，怎么打败麦凯恩登上总统的宝座？没有良好口才的马云，怎么说服投资人给自己投资，又怎么令员工跟随自己？由此可见，口才对每个人而言都是不可或缺的能力以及未来成功的资本，甚至可以说，在人际交往中，与言谈交际相关的知识的多寡，语言表达能力的好坏，都决定了人生的成败。拥有好口才，就相当于拥有了胜人一筹的法宝。

古代有一位国王，一天晚上做了一个梦，梦见自己满嘴的牙都掉了。于是，他找来两位解梦人。国王问他们："为什么我会梦见自己满口的牙都掉了呢？"第一位解梦人说："皇上，这个梦的意思是，您会在您所有亲属死得一个都不剩之后才死。"皇上一听，龙颜大怒，打了他一百大棍。到了第二位解梦人，他说："至高无上的皇上啊，这个梦的意思是，您将是您所有亲属当中最长寿的一位呀！"皇上听了很高兴，拿出一百枚金币赏给了第二位解梦人。

面对同一个问题，为什么一个人的回答使他挨了一顿打，而另一个人的回答却受到了嘉奖呢？无非就是因为挨打的那个人不会说话，受嘉奖的那个人会说话罢了。

有人会说话，就有人不会说话。有的人说起话来情理交融，热情奔放，让听者如沐春风；有的人说起话来尖酸刻薄，咄咄逼人，让听者进退两难；有的人说起话来吐字不清，主次不明，让听者一头雾水；有的人说起话来语义简明扼要，通情达意，让听者一听就懂……

语言确实是一种神奇的东西，一句话说得好，可以说得人笑；一句话说得不好，可以说得人跳。一句话可以化友为敌，引发一场争论，甚至导致一场战争；一句话也可能化敌为友，冰释前嫌。正可谓"一句话可以兴邦，一句话可以误国"，同样的一句话，不同的表达方式会让人有不同的感受。

然而，没有谁天生口才好，许多会说话、擅长沟通的人，最初也大都是笨嘴拙舌的人。

好在任何事情都有它的突破口，再难的事儿，只要找到突破口，掌握其中的逻辑和技巧，就可以迎刃而解。言谈交际同样如此，只要掌握一定的说话技巧，就可以随机应变地解决沟通过程中的各种难题。

尤其现代社会高度竞争的复杂人际关系，快节奏的学习和工作环境，更强调科学性与可操作性的“好好说话”之道。能不能一开口就把话说到点子上，让人听着受用，决定了你能不能获得更多的资源，挖掘更多的优势。甚至可以说，在这个全民短视频时代，能否聚拢人气，博得关注，90%拼的都是口才。

为此，我们策划出版本书，率先打破常规，另辟蹊径，从有效提问、拒绝废话、善讲故事、适当幽默、避免生硬等方面，帮读者全方位提升说话能力，通过7大沟通法则，49堂高情商口才训练课，结合心理学知识，超有趣的事例展现，场景化代入指导，共情式分析讲解，告诉读者如何在日常生活、商务活动、工作应酬、社会交往中从容地与人交际，高效、自信地与人沟通，进而构建融洽的人际关系，获得人生和职场上的成功。

本书的独特之处在于，在每篇标题旁边，放有与该篇主题相关的名人名言，便于读者快速把握整篇文章的重点。

最后祝愿读者朋友们都能通过高情商口才训练课的学习和实践，掌握在不同场合、面对不同对象的说话技巧，真正成为运筹帷幄的说话高手。

目录

01 所谓情商高，就是会表达

说话是感情上的互相印证，不是嘴巴上的口无遮拦。不拆台不揭短，不生硬不伤人，通过说话，懂得把别人放在心上，这就是高情商者的说话之道。

02 和任何人都聊得来

这个时代，“言值”决定你的高度，情商决定你的成就。所谓情商高，就是会说话。只要学会如何把话说到别人心坎里，有的放矢，就能搞定客户，拿下订单，追上女神，在任何时间、任何地点，和任何人都能聊得来。

03 怎样有逻辑地说服别人

人类就像木偶，每个人都自带一套木偶线，如果你知道如何去控制这套木偶线，你就能说服你想说服的任何人，有逻辑地让他人认同你，追随你。

04 尬聊，沟通中的那些囧怎么破

总有些人干啥啥不行，气人第一名，一开口，就让人火不打一处来，避之唯恐不及。开口前多考虑对方的感受，是成年人的必备品质之一。愿你说让人舒服的话，做让人敬重的人。

05 职场混不好，多半是不会说话

职场上，99%的人际问题不是道理不通，而是沟通不畅，感觉不通。人和人之间，只要聊对了，沟通好了，感觉美了，问题不用解决，就会自动消失。

06 社交高手只不过是会说话

会说话的人，一开口就让人喜欢。所谓会说话，就是说话让人舒服，让人觉得自己是值得信任的，是可以真诚沟通的，这就是成为社交高手的秘诀。

07 成交，就在关键的几句话

做销售，如何把话说到客户的心坎里是一门艺术。用打动客户的方式说话，只要说对关键几句，就很容易达成交易。这就是销售的重中之重。

01

所谓情商高，就是会表达

说话是感情上的互相印证，不是嘴巴上的口无遮拦。不拆台不揭短，不生硬不伤人，通过说话，懂得把别人放在心上，这就是高情商者的说话之道。

说话的五种境界，请对号入座

你越会说话，别人就越快乐；别人越快乐，就会越喜欢你；别人越喜欢你，你得到的帮助就越多，你就会越快乐。

——蔡康永

语言方式的选择，在某种意义上是一种为人处世的选择。以什么样的语言沟通，蕴含着一个人的生活哲学。能洞悉处世之道的人，也就能看懂人际关系、理解人性，因而会选择适当的语言技巧，应对形形色色的沟通对象。

佛家讲“相由心生”，但它同时也包含着一层世俗的意义，那就是一个人的心灵、品质决定了他的容貌，也就是说，通过一个人的面相我们就可以看出其性格。同样，一个人只要开口说话，他的处事能力和做人的境界往往就可以一览无遗。

一般来说，有以下五种说话的境界。

第一种境界：开口就“杀人”。

常言道：“言语伤人，胜于刀枪。”所谓开口就“杀人”，就是一开口就会伤人。用现在比较流行的话说，就是干啥啥不行，气人第一名。此类人最大的特点就是爱抬杠，凡事都要与他人争个头破血流，非要分出个胜负。不管别人说什么，他们总能找到反驳的话，你说东，他偏说西；你说这个事情应该这样，他却说应该那样；你说是，他一定会说否，但你说否的时候，他又会说是，有时候甚至无理也能辩三分，既不看场合地点，也不管男女老幼，更不顾忌听者的感受，虽然过足了嘴瘾，却在无意中伤害了很多人的感情。所谓“杠爷”说的就是这类人。

第二种境界：开口就烦人。

有不少心直口快、没有城府的人，说话从来就不会拐弯抹角，总是在无意中伤害到别人，常常将人弄得下不来台而不自知。你若怪他吧，他确是无意的；你若不怪他吧，他又确实令人生气。

不要以为“快言快语”就是好口才，祸从口出不是没有道理的。倘若你平时说话很直，不妨试试下述办法：开口说话之前，先问自己三个问题：这是真的吗？这是善意的吗？

这是有必要的吗？这三个问题，即是佛教中所说的开口的三扇门。之所以提出这些问题，主要是因为可以在开口之前给自己一点思考的时间，而这短暂的时间，往往能够为你省掉许多麻烦。

第三种境界：开口就服人。

事实上，说话的技巧再高，也高不过一个“理”字，正所谓“有理走遍天下，无理寸步难行”。说话一定要合理，要无懈可击，才能更好地说服别人，让别人接纳和领受。

《战国策》里有一个《触龙说赵太后》的故事，说的是赵太后刚刚执政，秦国就急攻赵国，赵国不得不求救于齐国，齐国答应发兵救赵，但前提条件是，赵国必须先送太后的小儿子长安君做人质。溺爱孩子、缺乏政治远见的太后不肯答应这个条件，虽然满朝文武都极力劝谏，仍无济于事。最后太后一怒之下表示：“谁要是再来劝我，我就朝他脸上吐唾沫。”吓得满朝文武都不敢再劝诫。

后来左师触龙求见，太后知道他也是来规劝的，就满脸怒气地接见他。触龙慢慢地走到太后面前，向太后请罪道：“因为老臣的脚有点毛病，一直走不快，好久没有来看太后，却心下惦念，故今特来拜望。”太后听到关心的话怒气稍微消了一些。触龙又问了太后的饭量及其他一些关于身体情况的事，在聊天的过程中，太后的怒容渐消。

接着，触龙又求太后允许他的小儿子在王宫卫队里当一名卫士。太后满口答应，触龙说要在死之前为儿子安排好立身之处。太后见此便问男人是否也疼爱孩子。触龙道："比起女人有过之而无不及。"触龙顺便问太后疼爱燕后（赵太后之女）是否甚于长安君。太后摇头说："比不上长安君。"

于是触龙顺水推舟，说父母疼爱孩子就应该为他们的前程着想，并举例说太后自己当年与燕后分别，难舍难分，但每次祭祖的时候，却祷告让燕后留在燕国，不要回来，以使其子女世世代代为燕王。讲完这番话，触龙反问太后："您这样做，不正是为燕后的长远着想吗？"太后赞同地点了点头。

触龙一看机会来了，便话锋一转，向太后说道："自此三世之前，自赵国内大夫升诸侯以来，每一代国王的子孙凡是封侯的，其后还有吗？"

太后摇摇头。触龙又问："不光是赵国，其他诸国子孙受封的后代还存在吗？"太后又摇摇头。触龙接着说道："这是因为他们地位显贵却没有功勋，待遇优厚却没有功绩所致。如今您给长安君以显贵地位，膏腴之土，却没有给他为国立功的机会，您百年之后，长安君又何以使赵国自立呢？因此老臣认为您爱长安君却没有替他的长远考虑，爱长安君不及爱燕后深。"

太后听后，觉得触龙的话非常有道理，于是答应让长安君去齐国做人质，齐国随即发兵救赵，成功击退了秦国大军。

在这个故事中，触龙的话之所以能让赵太后信服，关键在于触龙可以在动之以情的基础上，以理服人。

面对赵太后的盛怒，触龙并没有像别的朝臣那样犯颜直谏，而是察言观色，相机行事。他知道，赵太后刚刚执政，缺乏政治经验，目光短浅，加之女性特有的溺爱孩子的心理，盛怒之下，任何谈及人质的问题无疑都会让她难以接受，结果不免适得其反。

所以触龙避其锋芒，对长安君到齐国做人质的事只字不提，而是转移话题，旁敲侧击，步步诱导，动之以情，晓之以理，说服过程中没有一字涉及人质，然而又句句不离此事，迂回曲折之中，充分地彰显了语言的奥妙，循循善诱之余，将事情的必然性全部凸现出来。可见，他是一个深谙说话之道的人。

第四种境界：开口就乐人。

所谓开口就乐人，是指一个人懂得用生命去说话。拥有这种境界的人很少说话，如果不是有必要，但只要他开口，就会让人受益匪浅。此种说话境界略高于以理服人，如果说后者是搭售强卖的话，前者就是免费赠送，并且往往在你拿到东西之后，还不一定能意识到收获了什么。甚至给了你什么，他都不是刻意的，因此，你完全可以将这一切视为自己的领悟所得。这就如同一部经典电影，每个人看完之后，都会有不一样的心得，然而电影本身却没有将这些感悟和做人的道理强加于人。

第五种境界：开口就化人。

说话的最高境界是“天人合一”，化人于无形。这是一种返璞归真的境界，到了这个境界，语言就变得无足轻重了。所以，真正的大师与人交流时，依靠的不仅仅是语言的沟通，即使使用语言，也是最朴实无华的语言，这种语言听起来平淡无奇，但却恰如其分，直透人心，因为他是从深层的心灵角度来说的，正所谓真水无香，真爱无痕。此类人阅历丰富，极富涵养和悟性，善于推己及人，他们所说的话，出于自性本来的智慧，不仅可以使周围的人都听进去，而且还能让人万分信服。简而言之，他们无论说什么话，都能让人如沐春风，感觉和他说话是一种享受。

由此可见，口才既可以表现一个人的睿智和高雅，也可以暴露一个人的愚蠢和低俗。而好的口才如同好的色彩，易让别人感受到你的为人，有效发挥语言沟通的作用。

嘴里有雄兵百万，也得先过脑袋这关

在说一些事之前，有三件事要考虑：方法、场合、时间。

——萨迪

与人交往，不管是为了交流信息，还是沟通思想，都离不开我们的嘴。会不会说话，往往直接决定我们的命运，因为不同的话会带来完全不同的效应，同样一句话，不同的表达方式也会带来完全不同的结果。所以，要想拥有和谐的人际关系，就必须注意自己的一言一行，做到不说让别人产生敌对、混乱的话，不挑起争端。

即使别人抱怨你、责备你、批评你，甚至当众对你提出反对意见，最好也不要为自己辩解，不与对方争论。因为辩解不是智慧的回应，争论带来的是还击。所以，智者慎言，不是因为他怕说错话，而是因为爱。因为他爱别人，也爱自己，他不想引起别人和自己不好的感受，所以时刻谨慎讲话。在开口之前，他会选择合适的话，摒弃不合适的话，故而说出的话总是恰如其分，让人如沐春风，好像经过深思熟虑一样。

因此，一个人谨言慎行不是木讷，也不是唯唯诺诺，而是仁慈的表现。

大学毕业后，喜欢看书的方媛，进入一家图书公司做编辑，因为没有什么工作经验，加上她本身就是一个慢性子的人，所以工作效率一直不高，老板也总是嫌她进度慢，三番两次地抱怨。刚开始方媛还能忍受，直到有一次，老板当着同事的面抱怨。方媛终于忍不住没好气地怼了老板一句："你没看见吗？我也没闲着。"老板反唇相讥道："闲没闲着我不知道，即使没闲着，我看你也没干出什么来呀！"争吵的序幕就这样拉开了，结果老板一气之下，当场辞退了方媛。

我们来想象一下这个故事的另一种可能，知道自己工作效率不高的方媛，当老板抱怨她工作进度慢时，如果她这样回应："对不起老板，我现在确实比较慢，不能为你创造更多的效益，我很抱歉。不过，随着我的不断努力，工作上的不断娴熟，我会越来越快的。您瞧，我也正在加倍努力呢，比起刚开始进公司时，我是不是已经快多了？"如果她这样讲，老板的感觉是不是就会不一样，结果也就不一样？俗话说："伸手不打笑脸人。"当方媛这样回应老板的抱怨，老板说不定还会反过来宽慰她、鼓励她。如此，她是不是会避免不必要的伤害，更不会被辞退？

这就是不同的说话方式带来不同的结果。正如水能载舟，亦能覆舟，嘴巴，既能成就你，也能毁了你。所以，平时在与人说话的时候，说什么，怎么说，什么话能说，什么话不能说，都要三思而后言，即使嘴里有雄兵百万，也得先过脑袋这关。要时时忍言慎语，即使对方来势汹汹，也要从容不迫地做到兵来将挡水来土掩，让一切争端都止于你，消融于你。

《易 · 系辞》中说："吉人之辞寡。"孔子在《论语》里也曾多此提到，君子应"敏于行而讷于言"。在孔子看来，君子应该有的风范就是：办事迅速——做事要说做便做，不拖泥带水，只有这样，才能养成雷厉风行的性格和习惯；言语谨慎——说话，要经过深思熟虑，只有这样，才不会胡言乱语，招惹是非。正如英国作家托马斯 · 富勒所说："失足引起的伤痛很快就可以恢复，然而，失言所导致的严重后果，却可能使你终身遗憾。”

我们都知道，打电话是按时间来计费的，说得越多，失的就越多。虽然这里的“失”指的是钱，但它很形象地说明了一个问题——言多必失。说出去的话就像泼出去的水一样，是收不回来的，所谓“覆水难收”就是这个道理，况且多言取厌，轻言取侮。

因此，在人生的路上，要避免招惹不必要的烦恼，就需要忍言慎语。忍言，不是不说话，而是不说不该说的话；慎语，就是要考虑好了再说，否则一言有失，即酿成大祸。

情绪效应，遭受折磨的嘴巴

能控制好自己情绪的人，比能拿下一座城池的将军更伟大。

——拿破仑

说话和情绪虽然分属于语言学和心理学两个不同的范畴，看似没有关联，但是实际上，两者不仅相互关联，而且还相互作用：说话会对情绪产生影响，情绪又会反作用于说话。说话和情绪之间的这种关系，是通过由“说”到“听”，再由“听”到“说”这一循环反复的过程体现的。因而认识说话与情绪之间的关系，可以改善我们的人际沟通，从而帮助我们建立和维持良好的人际关系。

量子物理学已经证明，我们所感知的全部物质现象，其实只是一种波动现象，所谓的物质，实际上并不存在。也就是说，我们所看到的一切物质，事实上并非切实地存在着。

也许你会问，物质存不存在，与情绪有什么关系？但只要你观察一下就会发现，引发我们情绪的，不是外在的事物或者事件，而是我们对外在事物与事件的评判。一切事物在被定义、评判之前，都是无性的，或者说是中性的，是我们的定义与评论决定了它们的好与坏，善与恶，进而由此产生了喜悦与恼怒、快乐与痛苦的情绪反应。

换句话说，我们实际上是生活在一个中性的世界中，只是在我们定义了事物的意义之后，这些意义便会作用于神经系统，引发连锁反应，情绪也便随之产生。而情绪与思维又会循环互动，相互强化，从而让我们处在更加情绪化或者更加理智的状态中。我们应该都曾有过这种体验，即对于某些不满的事情，往往会越说越生气，其原因就在于一开始产生负面情绪。

一旦我们处在负面情绪中，大脑内部分海马体便会活跃起来，同时负责理性思考的大脑前额叶区域会遭受抑制作用，这样一来，那些不理智的行为就会应运而生，伤人的话便会脱口而出，如此，便无法做到有效的沟通。因而在沟通的过程中，及时觉察自己的负面情绪，就显得极为重要了。关于这一点，说起来容易，要想做到，却并不容易。因为根据研究显示，情绪产生的完成时间，只需要数百万分之一秒。这就等于说，在情绪产生的电光火石的瞬间，你几乎就已经被支配了。

我们可以用“蝴蝶效应”来解释一下这整个过程，如果把引发我们情绪的心理事件——即已经被我们的解释染过色的事件——比作是蝴蝶扇动了几下翅膀，当我们任由由此产生的情绪支配的时候，这件事情就很有可能迅速发酵并且愈演愈烈，最终演化成一场龙卷风一般不可控制的大事，从而给身在其中的我们带来无法挽回的后果。

因此，当我们处在情绪之中，一旦觉察到自己的情绪，就要学会运用一些方法将负面情绪迅速化解掉。

那么，到底有哪些与情绪和平相处的技巧呢？

1. 安静法——安静下来，让情绪自行消融

如上所述，我们所感知的全部物质现象，只不过是一种波动现象，能量的波动现象。例如，声音本身是一种能量，而任何能量都会自行消失，所以我们会发现再大的声音，最终都会消失得无影无踪。同样，情绪本身也是一种能量，当它升起的时候，只要我们能试着安静下来，无论多么波涛汹涌的情绪，最终都会在安静中变得风平浪静，就像我们摇晃瓶中的水，它在瓶中再汹涌澎湃，只要静置一会儿，就会风平浪静。

当然，这种方式并非是要你去压抑自己的情绪，而是将自己的觉知转移至内在，通过对情绪保持觉知的方式，对其不迎不拒，允许它存在，让它彻底绽放，直到最后消融在内在的天空。就像只有绽放过的花儿，才会枯萎，得到绽放的情绪，就会自行消融。

2. 转移法——及时转移自己的注意力

每天我们都会遇到各种各样的人、事、物，相应的也会产生各种各样的情绪，学会及时地转移自己的注意力，能够让我们免于被这些情绪所影响。举例来说，当你因为某事而生气的时候，抬头望一眼蓝天，或者看看身边的静物，想一些美好的事情，及时转移注意力，就可以让自己免于被这些情绪所牵扯。

这个技巧虽然简单，但如果能够真正用起来，威力是非常强大的。不过，在使用这个技巧时，有一个关键点就是要始终明确自己的目标是内心的平安，凡是让你失去内心平安的、来自他人的、负面的情绪，你可以通通过滤掉，回归心安。

倘若暂时还不具备以上所讲到的两种能力，你也可以暂时离开所在的地方，做几个深呼吸，这就是我们接下来要讲的第三个方法：呼吸法。

3. 呼吸法——在深呼吸中回归心安

这个技巧适用于我们突然因为一些事情而陷到情绪中去的情况，而且，这个技巧非常实用而简单。就是说，在陷到情绪中去的时候，一旦你觉察到这一点，马上试着集中注意力，然后在心中默默地指引自己的呼吸。先慢慢地吸气，然后停顿片刻，再慢慢地呼气；再慢慢地吸足气，让空气充满自己的肺部，停顿片刻，再完全呼出肺里的所有空气。想象一下，自己正在吸气的过程中吸入所有的光明，停顿片刻，再呼出体内所有的黑暗与负面能量。如此反复下去，直到自己的情绪恢复平静为止。

要想熟练运用呼吸法，最重要的是平时要有意识地练习呼吸，只要有空，就拿出三五分钟来练习，同时也能够很好地释放自己内在的压力。

总之，尽可能不要在情绪之中与人沟通，因为这样往往会使沟通演变成毫无意义的争吵，不仅于事无补，反而会让问题变得更为复杂和困难。

要想情商高，就要换位思考

每个人都有一张嘴巴，嘴巴有两个功能，一是吃饭，二是说话。要想吃好饭，先要说好话！

——易书波

有位名人曾经说过："假如说我有什么秘诀可以分享的话，那就是如何想办法站在对方的立场上，从他的观点着手，就如同是自己的想法一般。"因为沟通有着双向性，学会换位思考才能让沟通更加顺畅。

在人际交往中，换位思考，被视为情商高的体现，同这个词连在一起的词还有将心比心、设身处地，都是要求人们能够想人所想，站在别人的角度去思考。知易行难，我们作为普通员工时，常常会觉得老板过于吝啬，不近人情，可当我们自己成为老板，又总是觉得员工不够负责，不够勤勉。作为买方，我们认为商家唯利是图，可作为商家，我们就会反过来认为顾客总是斤斤计较。为人子女，有时总觉得父母都是一样的专制，什么都管，可是当我们为人父母，就会发现孩子的叛逆期好像总也没个尽头。

立场不同，角度不同，观点就会不同。当观点与利益不一致时，冲突自然也就随之而来。换位思考，就是要设身处地为他人着想，站在对方的角度思考问题，通过想人之所想，急人之所急，来达到相互理解、包容、接纳的目的。在心理学上，我们将换位思考的能力称为共情力，这是人际交往中一项非常基础的能力。通过换位思考，我们可以感受到他人的内心世界，实现情感上的共鸣，从而建立和他人之间情感、思维等方面的亲密连接。

畅销书作家刘墉先生在自己的书中，列举过很多换位思考的例子，其中有这样一个故事。

有一天刘墉先生正在家里写作，发现窗子开着，有凉风进来，他本想骂太太："你难道不冷吗？为什么开着窗子？"但他转念一想，这样说话肯定会激怒太太，于是凭借对语言的敏感，换了一种说法："太太！我怕你会冷，把窗子关上吧！"太太听了这话，很是舒心，于是很乐意地把窗子关上了。

刘墉先生站在太太的角度上，建议太太把窗户关上，表现了自己对太太的关心，比没有换位思考前的话好听了不是一点半点，太太自然乐意接受这个建议了。

再如，有一次，刘墉先生和朋友坐车去参加一个活动，朋友在车里抽烟，刘墉先生本想直接说“你把烟熄掉好不好？我受不了”，可是话到嘴边又吞了回去。他想，这样说话可能会引发朋友的抵触情绪，于是便说道：“少抽一根吧！尤其在车里抽，对你身体很不好。”他的朋友听到这话，立马不好意思地把烟熄灭了。

对比一下，是不是后一种说话方式更易让朋友接受呢？当你站在朋友的角度讲话，为他的身体健康考虑，朋友感受到了你的关心，自然而然就会接受你的建议。

所以说，同一件事，从不同的角度去讲，会产生不同的效果。当我们站到对方的角度去说话时，便能够理解对方的做法，也更容易将对方带到我们的逻辑中去，从而让对方更易接受我们的建议或者想法。但是换位思考说起来容易，却并不那么容易做到。

有一则流传甚广的寓言故事，说是有一头猪、一只绵羊和一头奶牛，被牧人关在同一个畜栏里。有一天，牧人将猪从畜栏里捉了出去，只听猪大声嚎叫，激烈地反抗。绵羊和奶牛讨厌它的嚎叫，于是抱怨道："我们经常被牧人捉去，都没像你这样大呼小叫的。"

猪听了回应道："捉你们和捉我完全是两回事，他捉你们，只是要你们的毛和乳汁，但是捉住我，却是要我的命啊！"

在这个故事中，绵羊、奶牛的抱怨并不是没有道理，只是他们没有站在猪的角度去思考问题，所以无法理解猪的感受。由此可见，立场不同、所处环境不同的人，是很难设身处地地去理解对方的感受的。所以，想要做到换位思考，需要一颗敏感的心和一个充满智慧的头脑，为此，我们可以从以下几个方面着手。

1. 抛弃成见

随意为别人贴标签，不仅会影响我们的判断力，让我们在之后的沟通中戴上有色眼镜，做出的决定也会有局限性，严重影响我们同他人之间沟通的效率。因此，在双方正式沟通和交流之前，一定要抛弃自身固有的偏见，学会多角度、多方面看人看事，这样，才有利于我们发现他人的独特品质和优良品格，更大程度地提高沟通效率。

2. 多和对方交流沟通

每个人都是不同的，每个人都有失意、受挫和悲伤的时候，俗话说“家家有本难念的经”，讲的就是这个道理。通过多交流、多沟通，我们才能更好地掌握对方的需求点在哪里、对方的难处在哪里。在这个基础上再换位思考地讲话，以一颗宽容的心去理解、关爱对方，便能得到极大的认同。

3. 以真诚的心获取信任

无论做什么事情，态度诚恳都是必需的。只有真心实意地为别人好，替别人着想，才能从心底感动对方。真诚能使我们广结善缘，当一个人态度真诚的时候，他便会自然而然地设身处地地为对方着想，站在对方的角度讲话，从而得到对方的信任，使自己立于不败之地。

4. 学会体验对方的生活

很多事情，只有亲身经历了才能理解他人的行为。通过深入别人的生活和学习的环境，亲身感觉此时此刻自己的心理变化，才能更好地明白对方的所思、所想，才能彻底地理解对方，站在对方的角度思考问题，进而提高换位思考的能力。

除此之外，换位思考离不开一颗宽容的心。俄国作家屠格涅夫曾说：“不会宽容别人的人，是不配受到别人的宽容的。”所以，学会换位思考，要从学会宽容别人做起。其实，宽容别人也是宽容自己。在一个团队中，领导和下级之间，只有多些宽容和理解，才更具凝聚力，才能获得更大的效益。

换位思考是融洽人与人关系的润滑剂，所以，在人际交往过程中何不摒弃总是为自己着想的习惯，多站在对方的角度想一想呢？也许正因为你的换位思考，你的宽容理解，很多生活中不必要的冲突和矛盾就会从此被化解。

好好说话第一步：积极倾听

要做一个善于辞令的人，只有一种办法，就是学会听人家说话。

——莫里斯

在人际关系建设中，比说更重要的，是倾听！

想一想，上天为何赐予我们一张嘴巴和两只耳朵？目的就是让我们明白，耳朵的作用比嘴巴大，听比说更为重要。要不怎么说“雄辩是银，倾听是金”，“侧耳听智慧，专心求聪明”呢？确实，很多人人际关系失败的原因，不在于说错了什么，或是应该说什么，而是因为听得太少，或者不注意倾听。

比如夫妻感情的日渐淡漠、亲子关系的剑拔弩张、朋友同事之间的疏离冷落，长期的沟通不良（甚至不沟通）往往是主因，而罪魁祸首正是“听障”：一方或双方不愿倾听。

正所谓“善者不辩，辩者不善；知者不博，博者不知”。一个真正有价值的人不一定是个多会说、多能说的人，而判断一个人是否具有智慧，也并不能凭借他知识储存的多少来衡量。有些人自以为说得越多，便越显得有才华，其实这恰恰触犯了“辩者不善”的禁忌。因此，在与人沟通的过程中，我们要善于倾听，让倾听成为一种习惯。

一个人成熟与否，就在于他是否能认真倾听，并通过倾听准确了解他人的想法；再者就是看他能否做到在适当的时机、场合，说恰当自如、融洽气氛的话。

所以，那些真正有大智慧的人绝不会滔滔不绝，而是会聚精会神地倾听。因为他们知道，倾听是一种智慧，倾听比倾诉更倾心。

那么，倾听就是竖起耳朵吗？显然不是。兔子的耳朵竖得高高的，我们一样不认为它会倾听。“听”是沟通中最首要的问题，由此还能延伸出很多外延，用老子的观点看，是由我及他、及宇宙的道理。在整个沟通过程中，看似以“我”为主，实则需要先放空“我”再聆听“他人”，例如碗、茶盅、房子都是以空为用，达到有和无的统一。这就要求我们放低姿态，学会倾听，只要俯下身去听，舍弃不必要的话语，认真倾听，才能听懂一个人的心。等到我们专心听完对方说的话再发言，就会显得更有力度。放下说话的冲动，先去倾听，听到别人的需求，才能用最简单的话语打动对方。

那么，怎样才能成为一个好的听众呢？

1. 要特别注意积极地回应对方

每个人都渴望被人尊重，被人认可，当我们在倾听对方说话的时候，如果能够给予积极有效的回应，便会使对方感觉自己是被尊重、被认可的，从而对听者产生好感，产生更强烈的沟通欲望。而好感是让对方卸下心理防线，敞开心扉，拉近彼此的催化剂。如果听者总是心不在焉，没有积极的反应，对方会觉得自己被轻视、受冷漠，是不被人理解的，进而觉得自己在枉费口舌，就不愿意继续交谈下去了。所以，在倾听的过程中，要特别注意积极地回应对方。

可以通过一些语言来表示我们在积极地倾听对方讲话。如“嗯”“是的”“然后呢？”等肯定性的短语，以此来表达我们对对方讲话内容的认可。也可以重复对方讲话的关键词，如“您是说……”，以此表示我们对对方谈话内容的重视，这是更深一层的鼓励对方讲话的方式。总之，要尽可能地尊重和理解对方的感受，引发共鸣。

除了用语言积极回应对方，还可以适时采用一些非语言性的肢体动作和表情暗示对方我们在积极认真地倾听，让对方产生好感。如身体稍微前倾，表示对谈话感兴趣；身体正对对方，表示你对他的支持；用真挚的眼神看着对方，表示喜欢他的讲话，希望他继续讲下去；适时地点头肯定，可让对方感受到尊重和认同；丰富的面部表情，用惊讶、忧伤、愤怒等情绪积极回应对方等。

2. 要保持耳朵处于最佳的通畅状态，闭紧自己的嘴巴

当别人说话时，最好认真地听对方把话说完，然后再说话。千万不要轻易打断对方讲话，或者轻敲手指、频繁地用脚打拍子，尤其不要自作聪明，用否定的论调将别人的谈话打断，这样很容易引起对方的不满和愤怒。

3. 不以个人好恶选择听话内容

如果对方所说的不是我们想听的，或者不是我们感兴趣的内容时，也不要在心理上排斥它，认真地听下去，也许这里面有着我们意想不到的重要信息呢。千万不要想听的听，不想听的就不听，给人留下不好的印象。

4. 要学会听出对方言语中的弦外之音、言外之意

一般来说，除了我们最清楚地听到的语言之外，讲话者的表情、神态、动作都能在特定的语言环境里表露不一样的含义。哪怕是一句同样的话，在不一样的场合也会透露出与之前不同的含义。

所以，我们在与人交谈时，不仅要在听上面保持认真专注，眼睛也要细致入微地观察，只有面面俱到地从整体与对方相融合，才能真正成为运筹帷幄的说话高手。

口若悬河，不如达意即止

话犹如树叶，在树叶太茂盛的地方，很难见到智慧的果实。

——波普

很多人以为好的口才就是说话时能做到滔滔不绝、口若悬河，实际上这是对口才的一种误解。滔滔不绝，出口成章，纵然可贵，但是言简意赅，一语中的，更是难得。

春秋时期，子禽曾经向墨子请教："多说话有好处吗？"墨子答道："虾蟆、青蛙，白天黑夜叫个不停，叫得口干舌疲，可是没有人去听它。你看那雄鸡，黎明时分一声啼叫让整个世界都为之所震。多说话有什么好处呢？"

从墨子的回答中，我们可以看到，话不在说得多，甚至都不在说得多么漂亮，而在于能否切中要害，说到点子上。正所谓“言不在多，达意则灵”。能把话简练地说到点子上，那才是真正的好口才。如果像《大话西游》里的唐僧一样啰唆，也就只会引起别人的反感了。

所以，与人说话，要想获得好的效果，语言一定要简洁、精练，使听者在较短的时间里获取较多有用的信息。字字珠玑，简练有力，就能够让人有谈兴；反之，言之无物，不得要领，就会令人生厌。在历史上，不少演讲大师都惜语如金，言简意赅。因此，留下了许多“善辩者寡言”的典型例子。

1793年，美国第一任总统华盛顿的总统就职演说仅仅用了135个字，便把所有要说的都说完了，堪称世界上最短的总统就职演说；恩格斯在马克思墓前的演讲，一共只有1260个字；列宁在马克思、恩格斯纪念碑揭幕典礼上的讲话，也只有短短552个字；1984年7月l7日，已经快40岁的法国新总理洛朗·法比尤斯的就职演讲只有两句话：“新政府的任务是国家现代化，团结法国人民。为此要求大家保持平静和表现出决心。谢谢大家。”措辞委婉而干净，内容精辟、有深度，绝对称得上是最好的演说。

又如美国第一任黑人总统林肯的一次演讲。1863年11

月19日，林肯应邀到会演讲。因为这次仪式的主讲人是艾弗雷特，林肯只是因为自己的总统身份才被邀请。所以，他被排在艾弗雷特之后，“随便讲几句适当的话”。

艾弗雷特，既是一个著名的政治家，也是一个很有学问的教授，而且是当时被公认为全美最会演说的人，尤其擅长纪念仪式上的演讲。因此，在这个典礼上，他那长达两个小时的演讲，打动了到场的每一位来宾。

在如此不利的情况下，林肯该怎样讲才能和听众建立良好的互动关系，最终赢得大家的掌声呢？林肯决定以简洁合理取胜，结果大获成功——他的演讲只有短短的10句话，从上台到走下台来不过两分钟，可掌声却整整持续了10余分钟。

林肯的这场演讲不仅赢得了在场每一位听众的热烈掌声，而且还轰动了整个美国。当时的报纸评论说：“这篇短小精悍的演说是无价之宝，感情深厚，思想集中，措辞精练，字字句句都很朴实、优雅，行文完全无瑕疵，完全出乎人们的意料。”

艾弗雷特也在第二天写信给林肯，他在信中说道：“我用了两个小时，才接触到了你所诠释的那个思想，而你仅仅用了两分钟就说得清清楚楚。”后来，林肯这篇出色的演讲词被铸成金文存入牛津大学图书馆。

林肯的成功，给了人们一个重要的启示：简洁明快的语言，会使我们说的话更有魅力。

著名艺术家赵丹的妻子黄宗英女士是一位作家，也是一位企业家。有一次，别人问黄宗英会不会再嫁。黄宗英爽朗地回答说："我已经嫁给大海，就不能再嫁给小河了。"这句话非常简洁明快，但是意蕴之深刻，绝对耐人寻味。

以上这些例子无一不在印证着高尔基的那句名言："简洁的语言中有着最伟大的哲理。"不过，简洁的语言并不是指"话少"，而是要以最少的语言，表达出最多的信息。不占用听者太多的时间，而且必须能使听者觉得说话者很尊重他。

从性格上来说，简洁明快的语言，体现出的是说话人的果敢决断，这往往会给别人一种很有激情的感觉。间接体现的是说话人分析问题的快捷和深刻，能够大大提升人的认识能力和思维能力，也是这两项能力的高超载体。

由此可见，在人际交往中，我们要想受到别人的信任，获得好人缘，就必须努力培养出简洁精练的说话风格。尤其是在当前这个信息时代，人们的生活节奏越来越快，时间观念也越来越强，没有人喜欢那些庞杂冗长的空话套话，简洁的表达自然备受人们推崇。这就要求我们平时在说话时要记住简明扼要、抓住重点这个理念，有意识地长话短说，能省略的语言就坚决省略掉，“过滤”出最精辟的语言，恰如其分地表达出自己的意思。

为此，说话前不妨事先在脑子里构思一下，分清主次，然后再有条不紊地说出来。如果是用电话交流，最好事先把要谈的事情逐一列出，写在一张纸上，然后再打电话：“我知道您很忙，有这么几件事需要和您讨论……”谈事情要开门见山，语言表达要简明扼要，能用简短的句子把事情表述清楚，就不要使用冗长的句子来浪费口舌，这样才能提高办事的效率。

总之，做事爽直、言简意赅的人最易成就大事。如果能对此进行训练，把语言有意识地精练一下，使自己的谈吐简洁明了，让自己说出的每一个字都掷地有声，那么，话再简短，也能起到力拔千斤的效果。

02

和任何人都聊得来

这个时代，“言值”决定你的高度，情商决定你的成就。所谓情商高，就是会说话。只要学会如何把话说到别人心坎里，有的放矢，就能搞定客户，拿下订单，追上女神，在任何时间、任何地点，和任何人都能聊得来。

储备谈资，打造超级沟通力

言语之力，大到可以从坟墓唤醒死人，可以把生者活埋，把侏儒变成巨无霸，把巨无霸彻底打垮。

——海涅

俗话说："巧妇难为无米之炊。"一个人的脑子里如果没有丰富的谈资，在与人交谈的时候，就会感觉词穷，或者词不达意，几乎找不到话题。这样的交谈就会显得枯燥无味，了无生趣。

说话其实和写文章一样，写文章讲究"读书破万卷，下笔如有神"，同样的，好口才也需要有足够的底蕴作为基础，它是建立在深厚的学识上的。缜密的思维，幽默机智的应答，准确的表达……这一切无疑都来源于头脑中的广博知识。人有内涵才能口吐莲花，妙语连珠。只有自己积累的东西多了，才能够说出有水平、有见解、有说服力的话。谁见过目不识丁的人能口吐莲花呢？

所以说要想使自己的语言具有艺术魅力，光靠技巧是不够的，一味地追求说话技巧而忽略自身的素质培养、知识储备，只能是舍本逐末。因此，我们在学习说话技巧的同时，还应该重塑自我，全面提高自身的整体素质和学识修养。

如果脱离这个根本，那么言谈就会成为“无源之水，无本之木”，淡而无味，言之无物。因而，提升口才最根本的条件是：既要有充实而有价值的内涵，又要善于表达，不仅要使人听得舒服，而且还要让人回味无穷。所以“有话可说”实在不是容易的事，要达到“言之有物”，甚至让人感到“与君一席话，胜读十年书”，更要不断学习，不断充实自己。

具体来讲，可以从以下几个方面多下功夫。

1. 广泛地阅读

日常生活中，我们每天都离不开阅读。无论读的是什么，也不管是通过什么载体，最好养成一个好习惯，把见到的好文章或让自己心动的话语记下来。每天坚持做，哪怕一天只记一两句，也是很有意义的。日积月累，在谈话的时候，也许它们会随时随地从你的头脑里冒出来，让你尽情地挥洒。

2. 积累警句、谚语

除了阅读，在听别人的讲座或谈话时，随时都可能听到表现人类智慧的警句、谚语。做个有心人，把这些话记在手机上，或随身携带的本子上，久而久之，你谈话的题材、内容就会越来越多，越来越丰富，越来越深刻，说起话来自然就条理清晰、出口成章了。

3. 关注生活，加强生活积累

很多人在与人交谈的时候，对方往往都不爱听，不是因为他不会说话，而是因为他缺乏生活的积累，说的要么是无关紧要的生活琐事，要么是一些不着边际的话。所以，要想有好口才，加强生活积累显然也很重要。

谈话通常是以生活为中心，因为言语是以生活为基础，也是以生活为内容的。这就要求我们，不但要尽可能多地接触生活的方方面面，还要对外部的世界保持足够的热情。“两耳不闻窗外事，一心只读圣贤书”的人说起话来一定是缺乏朝气的。不管是国家大事、自己从事的行业，还是与身边的人有关的事情，都要保持一定的好奇心，经常关注一下，以吸取其中对自己有用的东西。只要是自己感兴趣的，都可以参加讨论，加以思考与分析，当这种积累达到一定程度的时候，即便你不太会说话，也具备了说话的资本。

4. 三思而后说

我们时常可以听到这样的评价："那个人说话不过大脑。"这是在批评一个人说话随随便便，让人心生厌烦。一个真正有涵养的人，没有经过深思是不会开口说话的。三思而后说，能够很好地避免一些祸从口出的麻烦，进而体现一个人的综合素质。

总之，一个人想要积累丰富的谈资，就要多多增强自己的知识、涵养、素质，你若不想说话空洞无物，就应下决心武装自己的头脑，让自己说话的内容丰富起来；你若想做一个说话高手，就应静下心来好好读书，不断拓展自己的视野。只有如此，才可以得到众人的喜爱，拥有良好的交际关系。

平等沟通就是要从心开始

高品质的沟通，应把注意力放在结果上，而不是情绪上，沟通从心开始。

——翟鸿燊

沟通就像在跳交际舞，是人与人之间传递信息、感情的互动行为。要想实现有效沟通，就必须缩短人与人之间的距离，人与人之间什么距离最短？毫无疑问，是心与心之间的距离。从心开始的沟通，才能直达人心，因此，沟通必须从心开始。

那怎么样的沟通是从心开始的沟通呢？就是建立在平等基础上的沟通，心与心无别，所以人与人平等。如果沟通中缺少了“平等”这个前提条件，就无法获得正常的沟通方式和沟通效果。

“沟通的价位效应”是美国加利福尼亚州立大学对企业内部沟通进行研究后得出的重要成果。他们发现，来自领导层的信息只有20~25被下级知道并正确理解，而从下到上反馈的信息则不超过10，平行交流的效率则可达到90以上。进一步的研究发现，平行交流的效率之所以如此之高，是因为它是一种以平等为基础的交流。

为试验平等交流在企业内部实施的可行性，他们试着在整个企业内部建立一种平等沟通的机制。结果发现，与建立这种机制前相比，在企业内建立平等的沟通渠道，可以大大增加领导者与下属之间的沟通协调能力，使他们在价值观、道德观、经营哲学等方面很快地达成一致；可以使上下级之间、各个部门之间的信息形成较为对称的流动，业务流、信息流、制度流也更为通畅，信息在执行过程中发生变形的情况也会大大减少。这样，他们得出了一个结论：平等交流是企业有效沟通的保证。

其实，无论是企业上下级之间、朋友之间、父子之间、师生之间，还是夫妻之间沟通，最重要的一点就是把平等的理念注入其中。只有把自己放在和对方平等的位置上，沟通才能更为有效。反之，如果一个人把自己看得太重，总是一副高高在上的姿态，那么沟通则很难达到良好的效果。

首先要尊重自己，懂得自尊、自爱的人才能赢得别人的尊重。同时，要尊重别人。他人就像镜子里的自己，如果你对着镜子笑，镜子里的人就会对着你笑；如果你哭，镜子里的人就会对着你哭；如果你大喊大叫，镜子里的人就会对着你大喊大叫。正如孟子所说："爱人者，人恒爱之；敬人者，人恒敬之。"只有尊重别人，才能换来对方对自己的尊重。

因此，在与他人交往中，要时时本着"设身处地"的思想，去理解别人、尊重别人、体贴别人，切不可恃才傲物，视他人如同"酒囊饭袋"一般，用言语去嘲讽、羞辱别人。谩骂、嘲讽、羞辱是一把双刃剑，在谩骂别人的同时，实际上也是在贬低自己的人格。

毕竟说话是感情上的互相见证，不是嘴巴上的口无遮拦。要用自己高尚的品德去感染人，用自己敦厚的心灵去善待人，而不是用自己的伶牙俐齿去伤害别人。

其次，平等的沟通不能缺少真诚，真诚或许是一个简单的微笑，或许是一句温馨的话语，或许是一个不经意的态度。无论哪一个，真诚都胜过千言万语，都是打开人们心灵的万能钥匙，让人生活得真实、自然，纯粹。

真诚是一种做人的态度，傅雷曾在《傅雷家书》中写道："一个人只要真诚，总能打动人的。即使人家一时不了解，日后仍会了解的。我一生做事，总是第一坦白，第二坦白，第三还是坦白。绕圈子，躲躲闪闪，反易叫人疑心。你耍手段，倒不如光明正大，实话实说，只要态度诚恳、谦卑恭敬，无论如何人家都不会对你怎么样的。”

当然，我们不能否认生活中存在虚伪、狡诈、阴险之人，他们常以玩弄他人的真诚、戏弄他人的善良、算计他人的毫无防备、蹂躏他人的真情实意为乐。但是，这种人毕竟是少数，他们的嘴脸充分暴露后，必将被众人所指责和唾弃。因此，当我们的真诚友善被心怀叵测的人愚弄，吃亏更多、损失更大的并不是自己，而是对方。伤人的人在承受你的愤恨的同时，还将承受他人的蔑视以及群体排斥的孤独。

你怎样待人，别人也会怎样待你。如果你希望别人真诚沟通，那就应当首先主动真诚地去对待别人。人是感情动物，语言所负载的内容，除了基本的文字信息之外，还有感情信息。这种感情信息，内涵十分丰富，在谈话中有非常重要的作用。正如白居易所说：“感人心者，莫先乎情。”“功成理定何神速，速在推心置人腹。”真挚的情感最能打动人心，更易受到人们的欢迎。想要使对方动心，首先就要让自己动情，用真情实感去打动人心。

林肯是美国第16任总统，正是“真诚”为这位其貌不扬的人赢得了民心，并最终获得总统职位。竞选时，林肯和美国上议院议员道格拉斯是竞争中的对手。他们曾在伊里诺依州进行过一场轰动美国的著名辩论。在这场辩论中，林肯凭借真诚朴实的演讲取得了胜利，还被全国人民尊称为“诚恳的亚伯”，而傲慢自大的道格拉斯却被听众戏称为“小伟人”。

在演讲时，阔佬道格拉斯特地租用漂亮的专列，车后安放一尊大炮，每到一站就鸣30响，并且还配上喧闹的乐队。道格拉斯口出狂言：“要让林肯这个乡下佬闻闻贵族的气味。”

面对道格拉斯的狂妄自大，林肯泰然处之，沉着应对。林肯没有豪华的派头，他买票乘车，每到一站就登上朋友们为他预先准备好的马拉车。在一次演讲中，他说道：“有人问我有多少财产，我有一个妻子，三个儿子，都是无价之宝。此外，还租有一个办公室，室内有办公桌一张、椅子三把，墙角还有一个大书架，架上的书值得每个人一读。我本人既穷又瘦，脸蛋很长，不会发福。我实在没有什么可依靠的，唯一可依靠的就是你们。”这一番情真意切的话为他赢得了热烈的掌声，迅速与选民拉近距离，赢得情感认同和心理认同，从而一举获胜。

可见，说话的魅力不在于口若悬河、口吐莲花的表达，沟通中真正能打动人心的，也并非是你说得多么动听、多么美妙，而在于能否善于表达真诚，展现真诚的态度。真诚虽然不是华丽的语言，但是，却可以从内心深处打动人的心灵，让人如沐春风，感到温馨和舒服。如果在沟通时矫揉造作、言辞虚浮、缺少诚意，那就失去了吸引力，如同一束没有生命力的花儿，很美丽，但不鲜活动人，缺少魅力。

那么，我们该怎样培养自己真诚的态度呢？

1. 做最真实的自己

真诚贵在真实。人有时候是善于伪装的，为了达到某种目的，有可能编造一些有意无意的谎言，让话语听起来更加冠冕堂皇。这样的话可能暂时会起到作用，但是时间长了，人们就可能看破谎言，产生怀疑。因此，在生活中，少一些伪装，多一些真诚，用真诚的心和人交往，做真实的自己才是最重要的。

2. 站在对方角度考虑问题

态度真诚的人，是诚心诚意为对方考虑的人，他们更多的是考虑对方的利益得失，而不是自身的利益。他们能够想人之所想，急人之所急，当你遇到困难的时候，他们绝不会袖手旁观，在你春风得意的时候也不会极力巴结。他们总是出现在你最需要的时候。这样的人最能收获真诚，最容易让人亲近。

3. 坚持自己的原则

态度真诚需要有自己的原则，有了原则，就不会不顾后果地说一些不该说的话，做一些不该做的事。人很难做到一句谎话也不说，但应尽力做到真诚。真诚，并不是要我们做一个没有原则、不懂得拒绝的老实人，而是在不伤害自己的前提下，保证真诚待人，帮助他人。

综上所述，为了实现有效沟通，在与人沟通时，我们必须做到真诚友善、尊重对方，真正把对方所说的话听进去，如此才能在互动的过程中恰当提出自己的见解，达到有效沟通的目的。

找对话题，陌生人也能一见如故

你要使别人喜欢你，你要想他人对你产生兴趣，应注意的一点是：谈论别人感兴趣的事情。

——戴尔·卡耐基

小时候，家长总是告诫我们“不要和陌生人说话”，所以长大后，很多人在和陌生人交谈时，如临大敌，羞怯、紧张、局促、手足无措，各种情绪纷至沓来，就连勉强挤出的两句应酬话也显得生涩不堪，无论你平日里是个多么伶牙俐齿、妙语连珠的人，这个时候也说不出一句话。

正因此，“一见如故，相见恨晚”，历来被视为人生一大快事。有的人哪怕是与刚见面的陌生人，也能很顺利地进行沟通，这就是人们常说的“自来熟”。当今世界人际交往极其频繁，参观访问、调查考察、观光旅游、应酬赴宴、交涉洽谈……善于跟素昧平生者打交道，掌握“一见如故”的诀窍，不仅是一件快乐的事，而且对自己的工作和事业大有裨益。

可是两个素昧平生的人，该怎样沟通，才能一见如故？有人感到拘束无比，羞于启齿；有人觉得找不到共同话题，无法交谈。他们或局促一角，尴尬窘迫；或欲言又止，话不成句；或说话生硬，使人误解……

之所以出现这种现象，除了缺少和陌生人说话的勇气和信心外，彼此找不到共同话题也是一个重要的原因。好的话题，是初步交谈的媒介，深入细谈的基础，开怀畅谈的开端。一旦找到共同的话题，就能使谈话融洽自如。

我们都听说过，“物以类聚，人以群分”。从这个角度来讲，每个人的社交圈，其实都是以自己为圆心，以年龄、爱好、经历、知识层次等因素为半径画下的圆圈，当其他人和自己有同样的特质时，圆圈发生重合，共同点越多，重叠的面积越大，共同语言也就越多，也就越容易引起和我们有同样爱好的人的共鸣。专业、工作、家乡、熟人、兴趣、爱好等，都能成为圆圈中的因素。因此，在与陌生人交谈时，一定要留意彼此的共同点，在可控范围内进行延伸，逐渐引起对方的谈话兴趣，这样交流才会更加深入持久。

在一家旅店，一个旅客正悠闲地躺在床上欣赏电视节目，一个刚到的先生放下旅行包，稍拭风尘，冲一杯浓茶，开始研究那位看电视的旅客。

先生说："你好，来了很长时间了吧?"

旅客回答："刚到一会儿，正看电视呢。"

先生："听口音不是苏北人啊?"

旅客："噢，山东枣庄人！"

先生："啊，枣庄，好地方啊！读小学时，我就在连环画《铁道游击队》中知道这个地方了。几年前我去了一趟枣庄，还颇有兴致地玩了一遭呢。"

两个人于是就围绕着枣庄的话题谈了起来，那亲热劲儿，不知底细的人还以为他们是一道来的呢。接着就是互赠名片，一起进餐，睡觉前双方居然还在各自带来的合同上签了字：枣庄旅客订了苏南某人造革厂的一批产品，苏南先生从枣庄旅客那里弄到一批价格比较合理的议价煤。

在上面的例子中，两位互不相识的旅客，能够一见如故，交上朋友，就在于他们找到了"枣庄""铁道游击队"这个共同的话题。

就算是刚认识的陌生人，彼此也一定有许多相同的地方，或者是共同的兴趣爱好，或者是在籍贯、经历方面有相似的地方。总之，共同的话题可以有很多很多，只要你多花些心思，多一些锻炼，肯定能够找到。

那么，怎样才能找到与陌生人之间的共同话题呢？

1. 心思细密，善于观察

一个人的心理状态、精神追求、生活爱好等，或多或少地会在他们的表情、服饰、谈吐、举止等方面有所表现，只要你善于观察，就会发现你们的共同点。

察言观色发现的东西，要同对方的兴趣爱好结合起来。如果自己对此也有兴趣，那么打破沉寂的可能性就大得多了。否则，即使你发现了共同点，没有把握好对方的情绪，也还是无话可讲，很难深入下去，讲一两句就“卡壳”了。

2. 主动开口说话

一个陌生人在你面前并不可怕，可怕的是你不能与他交谈。要想和陌生人做好沟通，你只有主动、热情地同他们聊天，努力探寻与他们交谈的共同点，赢得对方的好感，这样才能拉近彼此之间的距离。

为了打破初次见面的沉默，主动开口说话是很有必要的。开口说话的方法很多，比如，用打招呼开场，询问对方的籍贯、身份等，从中获取有用的信息；还可以通过对方说话的口音、言辞，侦察对方的情况；以动作开场，也是一种常见的方法，再帮助对方做一些急需帮助的事，也能够发现有用的信息……

3. 通过第三方介绍

比如，去朋友家串门，恰好遇到陌生人。作为主人的朋友，一般都会出面为双方介绍，说明双方与主人的关系，各自的身份，工作单位，甚至个性特点，爱好等，细心人从介绍中马上就可以发现对方与自己的共同之处。

一位物价局的官员和一位中学教师，一天在一个朋友家偶然见面。经过介绍，这对陌生人认识了。他们很快发现了，俩人都是主人的同学这个共同点，于是就围绕“同学”这个话题展开了交谈，很快就熟悉起来。后来他们双双下海，合开了一家咨询公司，很快就发展了起来。

在这种认识的过程中，要特别注意分析对方，发现共同点。朋友的介绍是很重要的，要善于抓住其中的关键，以便在后来的交谈中延伸，不断地发现新的共同关心的话题。

4. 细加揣摩，仔细分析

为了发现与陌生人的共同点，应该留心那些你需要交际的人跟别人的谈话，对他们的谈话进行分析，揣摩。如果你能够与这样的人直接谈话，更要认真揣摩对方的话语，从中发现共同点。

5. 深入挖掘共同点

在现实生活中，与陌生人交往时发现共同的话题并不难，可这只是谈话的初级阶段所需要的。随着交谈内容的深入，共同点会越来越多。为了使交谈更有益于对方，必须进一步地挖掘深一层的共同点，才能如愿以偿。

寻找共同点的方法还有很多，譬如，共同面临的生活环境、共同的工作任务、共同的行路方向、共同的生活习惯等，只要仔细深入地挖掘，陌生人无话可讲的局面是不难打破的。

抓准时机，一句顶一万句

一个人必须知道该说什么，一个人必须知道什么时候说，一个人必须知道对谁说，一个人必须知道怎么说。

——彼得·德鲁克

大多数时候，我们并不是为了说话而说话，而是为了达到一定目的而说话。不过，并不是说得越多，越能达到目的，而是要懂得抓准时机，一语中的，让对方心服口服。会说话的人，不仅懂得多说无益，言多必失，还知道什么时候该说，什么时候不该说，什么时候该说什么，总能在关键时候用最简单的语言表达最中肯的意思，就好像一枪便能击中要害一样。

孔子曾说过："侍于君子有三愆：言未及之而言谓之躁，言及之而不言谓之隐，未见颜色而言谓之瞽。"意思是说侍奉在君子旁边陪他说话，要注意避免犯3种错误：还没轮到你说话的时候就说话，这是急躁；该你说话的时候你却不说，这叫隐瞒；不看君子的脸色而贸然说话，这是瞎说。由此可见，找准时机说话是多么重要。

无论是和朋友、同事、领导，还是和家人说话，我们都要注意说话的场合和时机。抓准最佳时机说话，不仅可以避免尴尬和矛盾的发生，还能让关系更加和睦。若说话不分场合，信口开河，就可能造成对方的误解。

丽丽在一家公司已经工作了很长时间，对公司管理方面的很多弊病她都看在眼里。心直口快的她，在主管会议上多次向老总提出改进方案，可都没有被采纳。对于丽丽来说，别的方案不被采纳也没什么，唯独自己管理的机房没有装空调这件事让她耿耿于怀。

因为计算机不耐高温，如果没有空调，就需要经常维修，这无形中就增加了丽丽的工作量。可是，老板对她提出装空调这件事总是不以为然。

直到有一次，老板带着大家去参观文物展览会。在参观的过程中，老板发现一些文物有破损，便询问讲解员是什么原因造成的。讲解员解释道："因为文物需要在一种恒温下保存，而相关部门因为没有太多的经费来维持展馆里的恒温状态，因此有些文物才会出现破损的情况。特别是在高温条件下，文物的损坏率会更高。”

站在一旁观看的丽丽听了讲解员的话，联想到自己管理的机房没有空调，看着老板因为文物破损颇为感慨的样子，她茅塞顿开，不失时机地说道：“其实，咱们公司的机房也有这个问题，因为没有空调，计算机才总爱出毛病的。”

老板听后，不但没有反感，还认真地对丽丽说：“咱们回去就给机房装上空调。”丽丽简直不敢相信，自己仅仅说了一句话，居然就奏效了，真是让她喜出望外。

对此，丽丽不禁感慨，曾经自己千言万语都不能说服老板的事情，今天竟然一句话就这样轻易地解决了。可见，找准说话时机多么重要。

起初，丽丽提出的建议之所以不被采纳，就是因为时机不对，总是无法得到老板的认可。而在老板带大家参观展会时，她借老板听到文物破损的缘由心有所感之时，适时地说出了自己的建议，显得是那么精准有力，终于得到老板的认同，最终她的意见被采纳，实现了她的目的。

明明是同一个建议，就因为在不同的时机提出，却导致了两种截然不同的结果。可见，找准时机说话，才是说服别人的关键。时机对了，无须多言，也许只要一句掷地有声的话，事情便能得到解决。不过，如何抓准时机，还是需要经过一番历练才能做到的。

1. 通过观察情绪找准说话时机

通常，人们面临工作调动、毕业分配、家庭婚恋以及升职加薪等问题时，特别容易产生思想波动和不安情绪，这时就要懂得察言观色，认真思量一下到底什么时候说话更合适。对方情绪比较稳定，心平气和，往往是说服对方的好时机。如果对方情绪激动，有厌烦、抵触情绪，就要注意一下自己的说话方式、观点是否适宜，这时往往时机未成熟，最好中止谈话，以免适得其反。

2. 掌握对方心理诉求，一语中的

人的心理活动与人的思维和情感是分不开的。无论对方说什么话，都会受到一定心理因素的影响，有的人生性傲慢，有的人故意刁难，有的人畏惧害怕……只有掌握对方的心理变化，才能找到对方的需求点和弱点在哪里，从而让自己的话直击对方的软肋，使对方折服。

如果对方总是居高临下，有傲慢、刁难的心理，我们就采用据理力争的话语，在气势上挫败对方，使对方检讨自己的言行；如果对方有畏惧害怕的心理，我们就采用质问的话语，使对方因为弱点暴露而陷于困境之中。

3. 用一句话获取对方的认同感

话不是越多越好，只有说到点子上的话才是最好的话。交际高手用一句话便能抓住重点，让对方听着舒心，进而认同自己的观点，使对方和自己很快就像相识多年的老朋友一样熟络。想要将话说到极致，说得精辟而又无懈可击，就要在生活中多观察，常历练，懂得对方的心思，掌握便捷有效的话语，这样才能快速获得对方的认同。

总之，我们在日常生活中要积极观察，耐心等待，抓准时机，或采取恰当的措施，创造时机，使说服一举奏效。其实，我们所强调的时机，并没有一个具体的标准，需要从说服的目标出发，针对对方的心理和思想状态等特点，揣摩拿捏。只要我们用心观察，不断积累说服的方法和技巧，相信，我们说服别人就能像拉弓射箭一样百发百中。

千言万语敌不过一个微笑

微笑，它不花费什么，但却创造了许多成果。它丰富了那些接受的人，而又不使给予的人变得贫瘠。它产生在一刹那间，却给人留下永久的记忆。

——卡耐基

世界上有一种语言，不需要你用辞藻修饰，也不需要你画蛇添足地补充，但却能传递最精妙的感情，让人看见就开心，它就是微笑。正如诗人雪莱所说："微笑，实在是仁爱的象征，快乐的源泉，亲近别人的媒介。有了笑，人类的感情就沟通了。"

作为沟通彼此心灵的渠道，微笑无须翻译就能打动人们的心弦，它是盛开在人们脸上的、倾注了人们的情感的、美丽的花，发自内心的微笑散发着迷人的芬芳和不带修饰的感染力。它能让你以巧妙、含蓄的方式告诉对方，你对他的喜欢，对他的尊重，对他的信任，同样，你也会因此而获得别人的喜欢和尊重，赢得别人的信任。它能沟通彼此的心灵，给人一种宽容的、被接纳的、安全的、亲切的感受；它能缩短人与人之间的距离，化解初识时令人尴尬的僵局，让陌生人也能心心相通。喜欢微笑的人，更有魅力，且更招人喜爱。

微笑就像是一种世界通用的语言，它甚至能用在艺术作品中。蒙娜丽莎是一幅举世闻名的名画中的主人公，全世界无数人为蒙娜丽莎而着迷。是蒙娜丽莎具有惊世之貌吗？不是，她姿色一般，然而她的微笑与眼神却令人痴狂。蒙娜丽莎淡淡的微笑，和她似喜非喜、似忧非忧的眼神，流露出来的是人类普遍追求的亲切感，让人百看不厌。身为画中人，她永远不会开口，谁也不知道她想要说些什么，然而，她的微笑、她的眼神和表情却一直在不停地“诉说”。

微笑就是你的通行证！作为一种沟通工具，微笑的沟通效率有时甚至超过了说话。比如，当某人在同你说话时，偶然提到了你不愿意听的内容，出于礼貌，你不方便打断，但你确实不想继续听下去，这时你可以用微笑来中断这个话题，传递你的信息：对于这个话题，我不感兴趣，也不愿意深谈。再比如，当有人想要托你办事，你想拒绝又不方便直接开口，可以用微笑来让对方知难而退。

作为一种特殊的身体语言，微笑对现代商务人士来说非常重要，你的客户一定不想看到一个愁眉苦脸的合作伙伴。然而在现实生活中，我们很难注意到自己的表情，可能你换了一套合身的衣服，将领带扯得很是平整，吹了一个很有型的发型，你的妆容与即将到来的会面极为贴合，你再三对着镜子打扮，保证了自己精致的外在形象，然而，你却忽略了最重要的东西：微笑。

一个永远面带微笑的人传递的是十足的亲和力，微笑越是平和欢愉，就越能显示出你心情的愉悦。多一点微笑，就能多一点快乐，生活也就能多一些和谐融洽。

保持自信的微笑，与人交往就会越发不屈不挠、勇往直前，这样的你更容易收获他人的信任和赞许，也更容易被人接受和肯定。

保持真诚友善的微笑，说明你在用内心的善良和友好与人相处。微笑能让对方感受到你的诚恳，对你的交友产生正面影响。

保持灿烂的微笑，在生活和工作中创造和谐融洽的气氛，能让你工作愉悦，客户满意，从而为你赢得机会。

当然，微笑也要选择恰当的时机，并且要注意环境和场合，该笑的时候笑，不该笑的时候就不笑。

最美的微笑是从眼睛里散发出来的“微笑”，否则就会给人一种“皮笑肉不笑”的感觉。真正的微笑是不受控制的、从心里往外的、压抑不住的高兴，只有你自己由衷地感到满足而喜形于色，才能感染对方。

微笑时眼睛微眯，就能令你的微笑更传神、更亲切。伴随着微笑说出的“您好”“是啊”“嗯”“我同意”等礼貌用语更有亲和力。微笑时，肢体也要与之配合，消极的身体语言和微笑一点也不匹配。

微笑是获得帮助的希望。如果一个人带有笑容，那么他给人传递的感觉就是善意而美好的。我们都喜欢那些整天满面笑容的人，也更容易对这类人产生信任。微笑能让你获得好人缘，在社会上站稳脚跟。

我们都希望自己能给别人留下好的印象，它可以创造出一种轻松愉快的气氛，可以轻而易举地使彼此结成友善的关系，这种关系是打开愉快之门的金钥匙，是在你生命的整个过程中，让你超越自身局限的力量，是你的生命自始至终生气勃勃的源头。

微笑是成功的先锋，它缩短了彼此的距离，使人更容易接纳和宽容他人。微笑更容易沟通人与人的内心，也更容易使双方走入彼此的天地。

罗曼·罗兰曾说：“面部表情是多少世纪培养成功的语言，比嘴里讲得更复杂千百倍。”

在众多面部表情中，“微笑”是人们格外偏爱的那一种，将它用在生活中，身心健康；将它用在工作中，充满希望。它就像是一支魔力棒一样，为人解除忧虑，带来欢乐，表达良好的精神风貌；为人传递一股春风送爽的温暖，驱散他们遭受的寒冷。微笑的美，体现在它表现出的、难以用语言传递的感情特征上。微笑不是用声音来传递信息的，它真诚而又自然。它不仅是人的外在表现，更是能驱走心灵阴霾，让人变得友善的内在精神。

一位窘困不堪的乞食者将手伸到了屠格涅夫面前，屠格涅夫找遍身上的每一个口袋，结果发现什么也没有。于是，他紧紧握住乞食者的手，微笑着对他说："兄弟，很抱歉，今天我忘记带了。"乞食者眼里荡漾着异样的光芒，他感动地说："这个手心，这个微笑，就是周济！"

也许很多人都不知道，每年的5月8日是"世界微笑日"。作为一块招牌，微笑在人际交往中具有丰富的内涵，它象征着自信，体现着一个人的心理健康，昭示着你是否足够礼貌，也反映着你与人相处的方式。它就像一束明媚的阳光，温暖人心，淡化矛盾，驱散阴云，可以让两个水火不容的人化干戈为玉帛。

人生的美好就是心情的美好，人生的丰富就是人际关系的丰富。当你用发自内心的微笑对待对方时，便主动地掌握了人与人之间真诚交往的尺度。微笑是零距离人际交往的名信片，架起了彼此友谊的桥梁，打开了从表面驶向心海的航线，达到了最接近彼此的沟通和交流。

学会说话，为你的人生赋能

分寸感是成熟的爱的标志，它懂得遵守人与人之间必要的距离，这个距离意味着对于对方作为独立人格的尊重，包括尊重对方独处的权利。

——周国平

沟通是建立在完整、有力、简洁地表达自己意图的基础之上的，往往需要在恰当的时间、恰当的地点，说出恰当的话，看似简单，实则遵循一定的逻辑。如何运用这些逻辑，决定着一个人一生的走向与成就。

善于沟通的人，一两句话就能赢得他人的欢心，就可以缓解剑拔弩张的气氛，就可以产生让人不可抗拒的力量；反之，不会说话的人，一出口就冷场，一说话就得罪人，让人避之唯恐不及。

常言道："病从口入，祸从口出。"一个人如果管不好自己的嘴，就相当于在自己身上绑了一颗定时炸弹，随时都可能给自己招来祸患。

那么，在沟通中哪些方式不受欢迎，容易为自己招来祸患呢？

1. 无事不通、无事不晓的逞能

日常与人交谈的时候，总会涉及很多话题，数据、信息、天文、地理、历史、哲学，纵贯古今中外，遍布江河湖海，包揽日月经天，话题一多，难免有人喜欢出风头。老子曾经说过："言者不知，知者不言。"可见，喜欢大吹大擂的人，很有可能是胸无点墨的人。交谈，其目的是相互了解、相互交流，而不是为了表现学识、见识。一味逞能不光有可能让自己下不来台，还有可能让别人讨厌自己。

2. 逢人抱怨、博取同情诉苦

在人生长河中，每个人都会遇到一些挫折和困苦，可能是工作进展不顺，可能是遭人误解，可能是感情上的问题……但每个人对待这些遭遇的方式又都不同，有的人迎难而上，有的人知难而退，有的人却将苦难带来的负面情绪传染给别人，在众人面前大倒苦水，以获同情。如果因此就天天唉声叹气，怨天尤人，满肚子苦水，朋友开始时也许会为你排忧解难，想一些法子给你鼓鼓气，时间长了，难免会对你产生怨愤，毕竟没有人会愿意和一个充满负能量的人相处。长此以往，等待你的只有疏远。所以，交际中一味地诉苦会让别人觉得你没魄力、没能力，从而失去对你的尊重。

3. 喋喋不休、滔滔不绝的独白

亚历山大・汤姆曾说："我们的谈话就像一次宴请，不能吃得很饱才离席。"这句话意在告诫我们，在交谈中，不能只是一个人唱独角戏，喋喋不休、滔滔不绝的发言不仅不能表现自己的口才，还会令人生厌。要知道，池蛙长鸣聒噪不已，雄鸡却能一鸣惊人。过多地说单口相声于交流无益，无法增进感情，逗哏尚需捧哏，别说我们了。交谈时一定要让参与谈话的人都发表意见，观察每个人的反应，尽量讨论共同话题，这样才能让谈话的气氛变得融洽。

4. 尖酸刻薄、烽烟四起的争辩

交谈中难免会遇到有争议的地方，善意、友好的争论能够使交谈升华，起到深入话题内核、增进彼此了解、调节交际环境、活跃气氛的作用。然而，尖酸刻薄、烽烟四起的争辩却会伤害他人，没有人会喜欢与尖酸刻薄的人交流，他们的言辞很容易让人心情烦闷，进而敬而远之。没有人愿意与这类人交朋友，他们会因此而被孤立起来，其境遇之凄惨，可想而知。

5. 口无遮拦、出口伤人的话语

灾祸往往出自口，无论身处什么位置，也无论财力多么雄厚、势力多么强大，语言不当总会带来负面影响。在与人交往时要注意把握好说话的分寸，说该说的话，尽量让说出的话委婉动听，且绝不说不该说的话。管住自己的嘴巴，三思而后言，是沟通的路标。拥有这些，你的话语才足够精彩，你才能赢得更多朋友的尊重和帮助，你的交际之路方能顺风顺水。

尖锐的观点，圆润的表达

通过说话，懂得把别人放在心上，这就是我相信的、蔡康永的说话之道。

——蔡康永

我们每个人都在社交场合中扮演着一个特定的角色，你的言谈举止能够反映出你所扮演的角色的性格特征。交流最大的魅力在于，因为交流的对象、气氛、环境的不同，会使得谈话内容和方式更为机动灵活。那么，这种社交谈话的最终目的是什么？答案是，能够在任何条件下，用你最舒服的方式与人交谈并取得对方的好感。这，就是谈话的技巧。

一个懂得谈话技巧的人，即使在向别人提出建议、批评，表达尖锐的观点的时候，也能把话说圆满，让听者虚心接受。那么，他们是如何做到的呢？那就是在开口之前，把别人放在心上。为此，就要做到以下几点。

1. 难以启齿的话，用机智与笑话包装起来

我们经常会在与人交谈的时候出现开不了口的情况，直接说很伤脑筋，不直接说又怕表达不出自己想要表达的意思，犹犹豫豫的，很容易让对方产生不快或反感。这时该怎么办呢？以这种委婉的方式，结合笑话表达，既不伤害对方，说的人心里也不会有很重的负担。

2. 批评别人时不指出缺点，而是强调如果纠正过来会更好

某公司经理在指导员工工作的时候，总是喜欢指出对方的不足，然后当着所有人的面对他说："你必须……"或者说："你这样不对……"他的下属对此不是置之不理，就是越变越坏。一味指出别人的缺点，纠正别人的过失，强调对方的不足，唉声叹气，各种否定，对方怎么可能愿意接受？某足球教练在训练球员时总是这样说："大致上不错，但如果再纠正一下……结果会更好。"他训练的球员总是能够虚心听取意见。这种不否定别人，先肯定再提出修正方法的手段，充分满足了对方的自尊心，教导效果特别明显，有利于双方共同进步。

3. 传达坏消息时，附加一句“虽然我不相信”

传达消息的时候，好消息自然无所畏惧，但是坏消息却难免会让人心情沉重，所以这个时候需要多加思考，考虑一下说话时的方式方法，避免发生悲剧。譬如，在告诉对方关于他的谣言的时候，在前面加上一句“虽然我不相信”，效果可能会强上许多。例如，“虽然我不相信，不过你这次的考试确实没有通过。”这种说法与直接通知对方考试失败相比要委婉得多。

4. 不小心提到对方的缺点时，加上赞美的话

我们无法总是做到不说错话，一旦说的话伤害到对方，或者冒犯到别人，该怎么补救？连声道歉，或者将语气调至小心翼翼实在不算良策，气氛还是会被破坏，对方也还是会觉得你出言不逊，道歉并不能打消对方认定你就是这么想的念头。那么怎么处理呢？首先，不要否定自己刚刚说过的话，然后，沉着地、若无其事地附上一句：“这就是你吸引我的地方，这些看似不算优点，实际上却更能体现一个人的人性。”总结给人的印象总的来说还是比较深刻的，在总结的地方附加赞美的话，即便过程中添加了一些令人不快的言辞，对方计较的可能性就会小很多。

5. 提意见时，更多提供假设

有时候，直接说“这样不好”，对方接受你的提议的可能性微乎其微。比起生硬的意见和评判，否定时提供一些假设会更容易让人接受，例如，“如果……是不是更好？”意思相同，换一种说法，结果却截然相反，可见提供假设非常重要。

6. 假托第三方传达对对方的批评

常言道：“良药苦口利于病，忠言逆耳利于行。”无论什么人，对于旁人的忠言或劝告，接受起来往往都会有点儿困难。如何才能找到一种高明的批评方法，使良药不苦口，忠言不逆耳，让被批评者愉快地接受呢？那就是给批评裹上“糖衣”，以委婉的方式呵护被批评者的自尊，让他意识到自己的过错，从而坦然接受你的批评。例如请“第三方”代为转达。

有一天，某公司的经理找来一个工作多年的女职员，请对方帮忙向在本公司兼职的几位员工转达一些话：“最近的年轻人说话有点随便，请你代我转告一下。”原因是，这几位兼职人员平时上班言谈有些粗俗，对上级说话也毫不客气，鉴于对方只是兼职，所以口头教育一下。没想到，事后不光是这几位员工言辞不再失当，那个负责转告的女职员自己的谈吐也高雅了许多，因为她觉得，这些“说话随便”的人也包括自己。

可能连经理都没想到，这种方法会起到这种效果。假托第三方传达意见，更有利于对方虚心接受批评，而不会因为被当众指责产生反感，这种批评，尺度适当，痕迹也不太过明显，对交往非常有利，但要注意用词，以免“第三方”觉得你有些“指桑骂槐”。

总之，没有无缘无故送上门的利益，只有因为与你交好而主动找你的伙伴，在开口之前，把别人放在心上，是成年人必备的品质之一。只有这样，我们才能把握主动，因势利导，打开一扇扇通往成功的大门。

03

怎样有逻辑地说服别人

人类就像木偶，每个人都自带一套木偶线，如果你知道如何去控制这套木偶线，你就能说服你想说服的任何人，有逻辑地让他人认同你，追随你。

逻辑是个好东西，会让你的话句句在理

谈话，和作文一样，有主题，有腹稿，有层次，有头尾，不可语无伦次。

——梁实秋

说服，存在于我们生活的各个地方，贯穿于人际交往的始终，是生活中必不可少的生存技能。年幼的孩子想让妈妈给自己买衣服，学生想让老师任命自己为班长，员工想和老板商量给自己升职加薪，房客想让房东给自己减租……其他如推销产品、商务洽谈、面试、汇报工作、演讲，乃至向爱人表白等，这一切的一切，都需要我们施展自己的说服能力去达成所愿。具有说服力的人，在生活上能左右逢源，赢得好人缘；在事业上能解决人际难题，如虎添翼，最终取得成功。

说服，说到底就是攻心的话术，能否快速说服别人，关键在于你说的话有没有逻辑性。

然而，人们在说服别人时，由于常常急着把自己脑子里的东西一股脑儿地倾倒给对方，没有认真倾听，没有充分了解对方，没有科学地融合信息，更没有任何逻辑性，导致说的话没有办法使对方信服，所有的沟通都成为无效沟通。总之，毫无逻辑地交谈，不仅不能说服对方，还可能使沟通陷入僵局。因此，在交谈中，语言应该讲究逻辑分明，条理清晰，让对方更快更好地接受你的观点。

其实，语言是否具有逻辑性，不在于语言的长度，而在于语言的质量。具有逻辑说服力的人都懂得，说话的最终目的不仅仅是表达自身的观点，更重要的是让对方认同你的观点。每一次说话都是一次谈判，需要提前了解对方，建立清晰的逻辑。具有逻辑说服力的人能主动明确话题范畴，克制与观点无关的表达欲，用简练准确的语言打动别人。

如果你想在人际交往中胜人一筹，就要提高语言的逻辑性，锻炼逻辑说服力。从另一方面来讲，一个说话有逻辑性的人，同时也是一个思想缜密、逻辑分明的人，所以，逻辑思维能力也应该成为现代人的必备的能力。

很多人可能会有这样的经历：自己脑子里明明装了很多

东西，有很多话想要说，可是话到了嘴边就是说不出来，就算说出来也总让对方听不明白，更别提说服对方了。之所以出现这样的情况，就是因为没有把想要说的话整理清楚。条理不清晰，导致常常出现词不达意的情况。

所以，想要说服别人，首先要把话说明白，进而占据话语的高地，用严谨的逻辑、分明的层次、突出的重点、简单明了的沟通去打动对方。想要做到这一点，就要懂得整理说话的内容，将想说的话一条条地列出来，然后站在理性的高度去整理它们、分析它们，按照一定的逻辑将它们组织起来，从而把问题的方方面面都吃透、说透，这样对方就能迅速理解你表达的意思，领会你说话的意图。

多年前，拿破仑·瑞尔受邀对俄亥俄州立监狱的受刑人做一次演讲。当他站上讲台，立刻在听众中看到了他的故友瑞尔先生，瑞尔先生也曾是一个成功的商人。

拿破仑演讲完毕，和瑞尔先生见了一面。交谈后，拿破仑才知道原来瑞尔是因为伪造文书而入狱的，并被判处12年有期徒刑。听过事情始末，拿破仑说："我要在60天内让你离开这里。"

瑞尔苦笑着说道："我很佩服你的精神，你可知道，已经有至少20位有影响力的人士，绞尽脑汁想帮助我得到释放，却无一成功。这是根本办不到的事！"

大概是那句“这是根本办不到的事”激起了拿破仑的挑战欲。他在第二天便去拜访了俄亥俄州的州长。

在进入州长办公室后，拿破仑开门见山地表明了自己此行的目的：“州长先生，我这次来是请求您下令释放俄亥俄州立监狱中的瑞尔先生。之所以提出这样的请求，理由如下：

第一，如您所知，在服刑期间，瑞尔先生在俄亥俄州立监狱中推出了一套函授课程。

第二，这套课程已经对俄亥俄州立监狱中2518名囚犯中的1728人产生了影响，他们对于参加这个函授课程感到十分愉快。

第三，据我所知，瑞尔先生的以上做法并未使州政府产生财政支出。

第四，我也从监狱长和管理人员处得知，瑞尔在监狱中一直严格地遵守着监狱内的规定，表现良好。

最后，请州长先生您仔细想想，一个能够对1700多名囚犯产生影响、带动他们积极学习的人，从本质上讲并不算是一个坏蛋。

所以，综合以上的因素考虑，我特此向您申请释放瑞尔先生。同时，我希望您能指派他担任监狱学校的校长，这将是一个使美国其余监狱的16万名囚犯从善向学的好机会。”

听完拿破仑的话，州长不假思索地说：“如果这就是你对瑞尔先生的请求，那么，即使释放瑞尔先生会使我损失5000万张选票，我也会毫不迟疑地这样做。”

说服州长的目的顺利地实现了，而整个过程耗时甚至未超过5分钟。3天后，州长签署了瑞尔先生的赦免状，瑞尔先生也因此走出监狱的大门，成功地获得了自由。

拿破仑说服州长之所以能够如此顺利地取得成功，与他具有明晰的条理、完善的理由的说服显然是分不开的。为更好地说服对方，我们也要全面分析问题，有条有理，逐个击破，方方面面都说透。以下是我们需要格外注意的几个方面。

1. 围绕中心，理清脉络

在说服他人的过程中，首先需要紧紧围绕所要说服的主题，厘清相关的问题。对问题本质的细化分析，理清问题的脉络，是说服他人的基石，也是整个说服过程的基础。只有清晰明了问题的逻辑，才可以得当地组织语言，进而深入开展话题，说服对方。

2. 层层深入，面面俱到

说服是一场博弈，更是双方逻辑上的互通。在交谈中，对于所梳理的脉络需要深入加工才能更好地实现它的价值。因此，在明确观点、厘清思路后，我们需要进一步进行逻辑上的整理，使分析层层深入，环环相扣，不断地引导对方的思考方向，掌控全局。面面俱到的观点未免分散，单一深入的观点难逃孤立无依，如若将诸多问题有逻辑地进行归纳，便可以更好地引导对方，从而实现说服的目的。

3. 细化条例，依靠事实

波顿咨询集团行为经济学家茱莉亚·达尔从担任多年辩论教练的经验出发，在TED演讲中提出，客观事实是如今人们谈话中所缺少的事物。由此看来，如果在说服过程中，从细化的突破点出发，为对方提供客观的调查数据、人事案例等相关事实依据，便可以达到事半功倍的效果，更好地提高说服的可信度。所谓“事实胜于雄辩”便是如此。亦如拿破仑为瑞尔申辩的过程，无论多么细密的构思、充分的理由，都抵不过他推出函授课程，为监狱做出贡献的事实。

说服不仅是单一情感上的互通与感染，更是逻辑上的解释与引导。在说服过程中，逻辑上的严密谨慎与理由的充分完备，是引导对方思维，使之与自己同向，获取对方认可的不二法门。说服这场富有逻辑的心理战争，需要面面俱到的考量与条理清晰的分析，由此才能够更好地用自己的逻辑去影响别人，从而在说服的战场上进退自如，所向披靡。

想让人动心，先让人动情

在演说和一切艺术活动中，唯有真诚，才能使人怒；唯有真诚，才能使人怜；唯有真诚，才能使人信服。

——李燕杰

古人说：“精诚所至，金石为开。”真情连金石都可以感化，更何况人呢？很多时候，在说服他人时，可以将自己的情感推到极致，再宣泄出来，让对方能够十分清楚地了解你的爱憎，这样对方的心中会产生巨大的情感反差，而其心灵也会因此被震撼，同时他也能感受到你的真情实感，从而对你产生亲近感，降低你说服他的难度。因此，想要增强自己的说服能力，就要善于在说服他人时运用情感，在情感上引起别人的共鸣，从而打动对方，说服对方。

美国曾经出现过很多位受人尊敬的总统，但最伟大、最正直的却是鞋匠的儿子林肯。由于他是鞋匠的儿子，出身贫贱，所以在被选举为总统的时候，参加选举的很多议员都感觉非常羞愤。

那个时候，美国参议院中的绝大多数人都是出身名门，属于上流社会的人，所以从来没有想到有一天他们会被一个鞋匠的儿子“骑在头上”。

因此，他们就计划在林肯来参议院演讲的时候，当着所有人的面狠狠地羞辱他，让他知道就算他当了总统，依然还是个下等人。

在林肯一切准备就绪，准备演讲时，台下立马有人站了起来，倨傲地说道：“总统先生，请允许我打断您一下。我认为，就算您现在已经是高高在上的总统，但也永远改变不了你是一个卑微鞋匠儿子的事实。”

一时间，参会的所有人员都大笑起来，虽然他们在总统大选时没能竞争过林肯，但是能看到他出丑，自然是一件值得高兴的事情。

林肯在众人笑够了之后，平静地说道：“你所说的一番话，让我想起了我的父亲，非常感谢你。我父亲已经不在了，但是我永远是他的儿子，一位默默付出的鞋匠的儿子。我会牢牢地记住你说的话，但是，我做总统，却无论如何也做不到我父亲身为一名鞋匠那样兢兢业业，无私奉献。”

台下所有人因为这些话一下子都陷入了沉默当中，林肯转身对着那位倨傲的人员说道：“根据我的了解，你父亲曾经在我父亲那里定制过鞋子，如果你的父亲感觉不合脚了，我可以无偿帮助他修理鞋子。虽然我并不能做到像我父亲那样伟大，但是由于从小的耳濡目染，所以我做鞋子的手艺也不算差。”

然后他又对场下的所有人说：“这一承诺对在场的所有人都有效，如果你们家人的鞋子也是我父亲做的，正好它们需要重新改善，那我一定会竭尽自己所能来改善它们。但我却无法做到我父亲那样好，因为他做鞋的手艺是无人可以超越的。”

林肯怀念着他父亲所做的一切，声泪俱下，这时，台下响起了雷鸣般的掌声和赞叹声。

林肯不能做到像他父亲一样成为一名无私奉献的鞋匠，但是他却成为一名受人爱戴的总统。很多人认为，他之所以会得到很多人的爱戴，就是因为他一直都未曾忘记自己是一名鞋匠的儿子，而且他还因此感到非常自豪。

那么，林肯所说的这番话为什么得到了如此多的掌声呢？

在当时的情况下，虽然那位议员的态度不好，但是他所讲的却都是事实。如果林肯喋喋不休地与对方争论，恐怕就会引起对方的围攻，从而陷入更大的被动当中。但是林肯却没有生气，没有与对方进行争论，而是从情感方面入手，将自己父亲的伟大和自己对父亲的崇拜以及父亲的默默奉献讲述出来，并表明他正是受到父亲的影响才有了今天的成就，但是却并不一定能像自己的父亲一样，在自己的领域当中做到出类拔萃。他的这番话最终成功地感动了众多议员，赢得了大家的认可和掌声。

人们常说：“人非草木，孰能无情。”在日常生活和工作当中，我们会接触到各种各样的人和事，对于这些，我们的态度必然不会是一成不变的，往往会表现出高兴、难过、喜欢、厌恶、气愤或失望，等等。这些不一样的情绪，必然会对我们的行为产生很大的影响。

通过大量实例证明，很多人在对某一事情或人进行辨别和判断的时候，通常都会受到情绪的左右，因此，如果在说服别人的时候，能够在理性思考下，融入一些情绪来影响对方，往往会使说服过程变得更加顺利，让对方的观念产生巨大改变，从而认同自己的观点和意见。

旁敲侧击让人心悦诚服

“辩才”是一种将真理转化为语言的能力，而所使用的语言又能让聆听者完全理解。

——爱默生

说服自古以来在人们的交往中就起着重要的作用，孔子周游列国说之于礼，苏秦、张仪合纵连横于七国之间，千古流传。

人类发展到今天，各行各业不乏优秀者，在各个领域取得了辉煌的成绩。如各国的政治领袖、商业巨头等，如果认真研读他们成功的一生，不难看出这些人不仅拥有创造、创新的魄力，同时也都是左右逢源的社交高手，拥有说服、影响他人的超强能力。他们能在事业起步时、事业低谷时以及急需他人帮助时，说服他人为自己效力，从而帮助自己走向成功之路。在说服他人的过程中，他们懂得如何说服别人，让别人在不自觉中对他们产生信赖的感觉，跟着他们一路披荆斩棘，从而成就卓越人生。

在他们所使用的说服方法中，有一项常被使用的便是旁敲侧击法。旁敲侧击，顾名思义，是从侧面说理，而不是常见的开门见山，是通过隐晦、含蓄并带有强烈目的性的语言和行为，暗示和诱导对方，从而达到说服的目的。

在处理一些事情时，如果我们想在不伤害对方自尊和身份的前提下，向对方提出批评或提醒，就可以采用旁敲侧击的方法。旁敲侧击能够有效地避免直面问题时的矛盾和尴尬，不仅同样能把问题显现出来，引起对方的注意和自省，还能在不引起对方反感的前提下，把话说到点子上，将主张的意图暗暗传递给对方，在潜移默化中影响对方，诱导对方做出改变，最终实现说服的目的。

旁敲侧击贵在含蓄，意在言外，是劝谏他人的一种非常行之有效的方法。

在中国古代，谁拥有强盛的兵力，谁就可以当皇帝。一些实力雄厚的禁军，往往决定着政权的得失。宋太祖赵匡胤便是利用禁军发动“陈桥兵变”夺取了后周政权的开国皇帝。

宋太祖建立宋朝后，自然明白“兴亡以兵”的道理，为了防止分裂割据的局面再次出现，威胁自己的皇位，他决定收回地方兵权，由中央集中、统一管理。

有一天，宋太祖像往常一样，召来石守信、王审琦等功臣宿将一起饮酒。酒过三巡，宋太祖支走侍从，满怀深情地对这些高级将领说道：“如果没有在座各位的竭力拥戴，我赵匡胤绝不会有今天。对于你们的功德，我这辈子也忘不了。”说到这儿，宋太祖突然口风一转，无限感慨地说道，“做天子实在不简单，我到现在都很难安安稳稳地睡个觉啊！”众将领并不知道宋太祖的真实意图，就问道：“陛下是遇到什么难事了吗，所以睡不好觉？”

宋太祖平静地回答说：“也没什么，就是想着，天子这个宝座，哪个人不想坐一坐呢？”石守信等人这时才听出了门道，紧张惶恐地冒出了一身冷汗，他们赶紧叩头说：“陛下怎么说出这样的话呢？如今，天命已定，谁还敢再有异心？”

宋太祖接过话，说道：“不能这样看，诸位虽然没有异心，可是难保你们的部下有一些贪图富贵的人，一旦把黄袍加盖在你们身上，你们虽然不想做皇帝，但能办得到吗？”众将领这才转过弯来，终于明白了宋太祖的真实意图，赶紧跪下来痛哭着说：“我们愚笨，没想到这事，请陛下怜惜，给我们指条生路吧！”

宋太祖见状，知道这正是说出自己深思熟虑的想法的好时机，于是故作沉稳地说：“人生苦短，转瞬即逝，梦想着富贵的人，不过是想多积累些财富，供自己和子孙享受好日子。诸位何不放下兵权，寻个地方官职，选好田地和房屋，为子孙后代留下一份基业呢？而且还可以多置弄些歌舞之人，游戏人生，安度晚年。到那时，我再同诸位结成亲家，君臣互不猜疑，相安无事，这样不是很好吗？”

石守信等人听宋太祖这样一说，对宋太祖的意图已经彻底明白，惶恐之心没有了，感激之情油然而生，于是叩头拜谢：“陛下为我们考虑周全，我们还有什么好忧虑的呢！”第二天，石守信等将领纷纷上书称病，请求解除其兵权，告老还乡。宋太祖非常高兴，立即同意了他们的请求，解除了他们统军的权力，赏赐他们大量金银珠宝，以慰人心。

这就是历史上著名的“杯酒释兵权”。宋太祖面对众统军将领对自己皇位的威胁，并没有像历史上其他君主那样大肆屠杀，而是采用旁敲侧击这种比较和平的方式，巧妙地让他们主动放弃了手中的兵权，既避免了刀兵相向，又没伤到和气，足见其高明之处。

我们知道，大凡开国皇帝，对拥兵自重都非常忌惮，宋太祖是通过军事政变获得的皇位，自然对此深有体会，所以，才想尽办法解除手握重兵的将领们的兵权。但是，宋太祖不想通过杀人的方式来达到中央集权的目的，于是便采用了这种旁敲侧击的方法，暗示诸位将领自己之所以睡不着觉是因为担心皇位不保，希望他们能够解甲归田。将领们在宋太祖话语的诱导下，明白了其中的缘由，也对宋太祖的做法深表理解，宋太祖因而轻而易举便解决了一个大难题。可见，旁敲侧击、侧面说理是制胜而又安全的说服法宝之一。

不过，旁敲侧击看似简单，但想要驾驭好它并不容易。旁敲侧击的方法很多，下面具体介绍两种。

1. 侧面点拨，换位获取同理心

侧面点拨就是从侧面委婉地点拨对方，使对方明白自己的不满或意见，从而打消不当行为。这一技巧通常借助问句的形式表现出来。

例如，A和B是好朋友。有一天，本单位C跟A说B的不是，A听了很不乐意，但又不便直接发作，便通过侧面点拨的方法，说道："C，我想问你，如果我在背后和你议论我的好朋友，他要是知道了会不会跟我反目成仇？"C一听这话，顿时意识到自己的错误，便不吭声了。就这样，A委婉而又体面地让C认识到背后议论别人，尤其是对方好朋友的行为是一种失礼的行为。

2. 幽默一下，侧面提醒更有效

幽默是人际关系的一种润滑剂，用这种方法侧面表示自己的拒绝，或表露自己的隐衷，会起到很好的效果。

有一位打字员姑娘，收到一封男同事的求爱信，她想直接拒绝，可又怕伤了对方的自尊心，于是想到了一个两全其美的好办法。她将信重新打了一遍，然后和原来的信一同寄给那个男同事，并附了一张纸条：我全都替你打完了。从此，小伙子就再也没寄过信。

相较于直接回绝，这种旁敲侧击式的回绝方法显得更有效，更高明。

俗话说："攻心为上，攻城为下。"在这个世界上，没有什么比人心更令人捉摸不透的了。不过，正是因为难以捉摸，才让拥有这种智慧的人更胜一筹。在说服之中，直言不讳的说话方式固然简单易行，但很容易触犯禁忌，造成对方的对抗和反感。而旁敲侧击这种侧面说服的方法，不仅能产生潜移默化的影响，让说理更有效，而且还维护了对方的自尊心，避免了尴尬。

审时度势，掌握谈判的主动权

人生是一个人与社会、自然进行的一场长期谈判，要想得到最大的利益，要看你怎么把它说出来，即怎样说服对方。

——约克·肯

说服通常不是一蹴而就的，在说服的过程中，我们总会遇到这样那样的问题和麻烦。这就要求我们学会审时度势，根据具体情况，分析形势，随时调整说话的策略，改变说话的方式，因势利导，以应对事态的变化。

说服是脑力劳动，审时度势看似简单，实则需要我们不断积累经验和教训才能实现。当我们有了足够的经验时，我们便知道应在什么时间、什么地点、什么情况下，做出什么样的策略调整。

想要做到审时度势，就要有一双慧眼，通过观察对方的表情、眼神、动作等细节，看出对方的反应。同时也要有双灵敏的耳朵，能够在只言片语中听出对方的心声，揣摩对方对自己说的话是理解，还是一知半解；是认同，还是存在质疑。一个善于审时度势的人，必定是个善于观察细节的人，是个懂得随机应变的人。

有一次，浙江省的一家棉纺厂厂长吴锡民作为纺织业的代表，同一家德国厂商协商进口一款气流纺纱机。

吴厂长在事前做了大量调查，对市场行情可以说是了如指掌。在谈判现场，当对方提出该设备售价25万马克时，吴锡民一口回绝，不仅如此，还压价25%。这一举措让对方非常吃惊，他们没想到中方代表对国际市场信息掌握得如此准确，竟把价格压低到接近德国厂商的出厂价。

但是，在利益的驱使下，再加上对方知道吴锡民必须得到这台设备，所以，德国厂商在价格上不肯做任何让步，就这样，谈判一度陷入困境。

作为纺织业的全权代表，吴锡民在参加谈判之前就知道，这个设备是目前世界上最先进的，质量也绝对是一流的。这样的好设备自然是炙手可热的，但是对方正好抓住了自己势在必得的心理，在价格上不肯让步，吴锡民对此也是非常苦恼。

那几天，吴锡民一直在思考同一个问题："用什么样的办法才能让对方高高兴兴地以我方的出价达成这项交易呢？"

在第二次谈判时，双方初步进行了交涉，依然坚持不肯在价格上让步。面对这样的情况，吴锡民转变了谈判的策略。

他对外商说："我承认我压的价格是低了一些，但是话又说回来，这两台设备按理来说你们应该免费赠送才对呀。"

"免费？"外商代表听了吴锡民的话，突然间不知所措，不知道吴锡民在搞什么鬼。

吴锡民接着说道："是啊！你们想想，我们是中国第一家引进这款设备的公司。现在到处都在讲窗口效应，贵公司不是每年都要花费上百万元来做广告进行推广吗？中国这么大的市场，你们为什么不可以开一个'窗口'，做做活广告呢？"

吴锡民的话为谈判带来了新的转机，外商觉得他说的话非常有道理，便不再拘泥于眼前的蝇头小利，而是为了今后开辟广阔的中国市场，决定做出让步。

由此，双方很快就达成了协议，吴锡民以出厂价顺利地买回了所需的设备，仅此一项就为公司节省了十几万元的外汇。

吴锡民之所以能够顺利地说服对方，拿下这场谈判，正是因为当单纯围绕价格商谈已经难以取得实质性的进展时，他审时度势，及时调整了说服策略。吴锡民撇开价格不谈，转移对方的视线，大谈如果对方接受了自己的意见会怎样，从而打动了对方，成功地说服了外方代表。那么，当我们在尝试说服对方时，怎么做才能及时调整说服策略呢？

1. 全面收集资料

在说服对方时，要提前对对方的具体情况进行充分的了解，充分的准备是能够在谈判中随机应变的前提与基础。只有对对方的情况有清晰全面的掌握，才有可能在商谈陷入困境时有针对性地转换策略，从而成功说服对方。

2. 细心观察情况变化

要想在说服过程中做到随机应变，就要细心观察商谈时的情况变化。例如，对方的心理波动、外部环境的变化以及双方交流的气氛等。细心观察这些情况的变动，才能够适时地、有针对性地调整说服策略。只有对对方的情绪变化做到了如指掌，才能够有针对性地调整说服策略。

3. 掌控谈判进程

要想成功地说服对方，就需要针对不同的情景，选取合适的说服策略，其前提就是要掌控谈判进程，只有这样才能及时做出调整。

4. 选取方法要得当

说服的策略多种多样，不同的策略适用于不同的对象。同样的说服策略，面对不同的人、不同的情景会有截然不同的结果；同样的说服策略，使用于商谈中不同的阶段也会产生不同的效果。所以，要学会随机应变，根据具体情况，适时选取不同的说服策略，这样才能使说服进行得更加顺利。

在说服对方的过程中，当遇到难以解决的状况，或商谈陷入僵局，或对方执拗不肯退让时，针对不同的人、不同的阶段、不同的情况不断地调整说服策略，才可以让对方更好地接受你的意见。

讲讲故事，道理一点就透

将自己的热忱与经验融入谈话中，是打动人的速简方法，也是必然要件。如果你对自己的话不感兴趣，怎能期望他人感动?

——戴尔·卡内基

不得不承认，相对于逻辑严密、条理清晰的说理，人们更喜欢富有人情味的故事。我们在解决问题的时候，需要理性和逻辑，可是当我们想要说服别人时，仅有逻辑和说理是不够的，还要学会讲故事。像讲故事一样讲道理，一点就透，更能打动人心。

纵观商界风云人物，如乔布斯、罗永浩、马云、俞敏洪等，无不都是讲故事的高手。会讲故事的人往往都是善于思考的人，他们魅力无限，从他们嘴里说出的话总让人感觉是对的。他们讲出来的故事总让人感觉生动有趣，富有感染力。

讲故事的高手，往往就是说服的高手。他们善于用故事和对方共情，激发对方的情感，进而得到对方的认同和支持。一个有意义的故事能激发出对方强大的信任感，进而认同你的观点，甘心情愿进入你的说服逻辑之中。一个好的故事也能重塑一个人的思想，帮助对方理清思路，指引方向。

试想一下，谁会拒绝一个生动有趣的故事呢？通过一个小故事引起对方的兴趣，使对方放松警惕，沉浸到故事中，当对方听完故事，再利用故事中的隐喻来说明道理，这样更容易使对方在不知不觉中接受你的观点，说服的目的就这样轻轻松松地达到了。

小军是一家企业的质量监察办公室主任，他刚上任不久，车间生产的一批服装就因为质量问题被退了回来。虽然这是上一任主任留下的“后遗症”，但是为了不让类似的事情再发生，小军决定召开一次监察小组长会议。会议刚开始，大家对小军要说什么心知肚明，于是都抢在小军前面开口，纷纷诉苦，说监察工作难做，而且几十万件衣服，个别几件出现问题也是正常的，对方公司实在有些小题大做。小军想了想，说：“我给大家讲个故事吧。”

大家不知小军葫芦里卖的是什么药，都安静下来，不说话了。小军见大家安静下来了，便开始讲故事：

“在第二次世界大战期间，有一家工厂负责生产美军的降落伞。由于质量不合格，经常出事故，美军司令发了火，责令工厂一定要提高降落伞的质量。后来在厂商和军方的共同努力下，终于将降落伞的合格率提到了99.9%。但是美军司令依然不满意，强调合格率必须达到100%。对此，工厂负责人很不以为然，这世上没有完美，哪里来的100%合格？能达到这个程度已经是他们能做到的极限了，再完美是不可能的了。很多人也觉得工厂负责人说的话有道理，世上哪里有100%完美的事物？甚至有人认为美军司令有些强人所难。可是，在军方公布了新的检测标准后，奇迹出现了。他们改变了之前检查每一个降落伞的做法，而是在每一批工厂交付的降落伞中随机抽取一个，让工厂负责人背上，从飞机上跳下。从那以后，合格率神奇地变成了100%。”

小军的故事讲完了，大家都陷入了沉默。小军语重心长地说：“质量是一个企业的生命，也是我们每一个员工的生命。假如我们能像爱护生命一般爱护产品，那么100%的奇迹又怎么不会出现呢？”监察小组长们纷纷表示赞同，并且立下“军令状”，保证自己负责的车间再不会出现质量问题。果真，从那以后，工厂再没出现过因质量问题被退货的情况。

面对一片质疑和辩论的声音，小军没有乱加指责，更没有滔滔不绝地讲大道理，而是通过一个故事让大家顿悟。要讲的道理都在故事中，这样一种十分委婉又逻辑清晰的说服，不但没有让人产生反感，反而引起了大家的深思，可谓事半功倍。

那么，当你使用讲故事的方法去说服别人时，需要注意哪些问题呢？

1. 故事取材要得当

在选用故事时，要注意所选取故事的内容是否符合要求。在故事的取材方面，首先要满足对方的心理需求，要知道对方在想什么，才能选择恰当的故事来击中对方的内心，实现说服的目的。其次，故事的主题应围绕所要说服的内容展开，有明确核心的故事才可以在说服过程中发挥实际的作用。最后，要有引导性，故事情节的走向需要能够引导对方的思考方向，使对方的思考按照我们所预设的方向转变。故事的取材只有满足这3点，才能更好地帮助我们成功说服对方。

2. 故事要兼具情感和逻辑

用讲故事的方法说服对方，是想通过双方感情上的共鸣来获取认可，因此，所选择的故事一定要充满感情。空洞直白的故事，不仅不会使对方的情感产生波动，还可能引起对方的厌烦。相反，故事情感充沛，则会使对方深有所感，从而帮助我们赢得对方的支持，实现说服的目的。需要注意的是，所选择的故事也要具有逻辑性，这样才能从一开始就引起对方的兴趣，让对方悟出其中的道理。

3. 故事要有代入感

无论所选取的故事多么精彩，千万不能忘记讲故事的根本目的是说服听者。因此，故事具有代入感，才可以使听者感同身受，更好地理解故事，引发情感上的共鸣，这样才能更好地说服听者。

人都是有感情、有情绪的，很多时候并不能完全按照条条框框的规则去进行判断和选择。所以，想要影响别人，想要说服别人，就要格外关注人的情感因素。一个有血有肉、情节曲折的故事远比干巴巴的说教更容易达到说服的目的。借助故事的力量，把我们和听故事的人联系起来。通过故事去影响他们，让他们相信我们说的话，采纳我们的意见，从而成功地说服对方，这就是故事的力量。

用情不滥情，守住谈判底线

人的自信是建立在底线上的。一个人只有守住底线，才能获得成功的自我与成功的人生。

——冯骥才

底线，对于事物来说，就是引发质变的临界线；对于人来说，就是做人做事的警戒线；对于谈判来说，就是必须坚守住的利益防线。底线是不能触碰，更不能跨越的。在我们日常与人交往的过程中，都需要有底线意识、底线思维，以免因为经受不住诱惑和压力，而失去底线，失去做人的原则。

对于管理者来说，清正廉洁、刚直不阿就是底线；对于师者来说，勤于教学、孜孜不倦就是底线；对于商人来说，君子爱财取之有道就是底线。人有人的底线，物有物的底线，事有事的底线，有了底线才有了规矩，才有让人信服的力量。

想要说服别人，就要想办法让别人接受你的观点，你可以和对方谈感情，以情动人，可以理解对方的苦衷，可以用幽默化解对方的心结，可以想方设法帮助对方，替对方着想，但是不能因此失了底线，任由自己的情感泛滥，用牺牲自己的办法来成全别人，这样的说服不算成功地说服。

成功地说服，应该是在不损害自己的利益的前提下，达到互惠共赢的目的。因为说服本质上是为了达到自己的目的而寻求认同，特别是谈判性质的说服，会涉及相互的利益关系，这就要求我们把握好说服的方向，明确谈判的底线在哪儿。在不触及底线的情况下，达成协议才是成功地说服。

由于原材料价格上涨，一家机械工厂的供货商把原定的原料吨价由1645元提升到了1690元。而对于这家机械厂来说，最多只能接受1665元。该机械厂的两位供销科长与供货商进行了3个多小时的谈判，可依旧没有任何结果。对方一口咬定每吨价格为1690元，不能再低。两位供销科长实在没有办法，只好向厂长汇报情况。

厂长知道之后，只好亲自出马，与供货商进行谈判。

厂长与供货商见面后，始终坚守着吨价1665元的底线，与之进行商谈。

“你们作为供货商，供料的价格上涨我也可以理解。但是如果以你们所提出的价格购进原料，那我的厂子也只能关门了。”厂长直接开门见山地阐明了自己的态度。

“可是，现在原材料的价格涨得太快，我们也是没有办法啊！”对方苦着脸说道。

“这我们能理解，但是如若你们非要坚持1690元的价格，那我们之间的生意也就没有办法再做下去了。”

对方没有说话，厂长接着说道：“咱们是老客户了，一顿涨10元，吨价1655元怎么样？”

“那不行，厂里内定价格是1690元，我咬咬牙，给你降到1670元，不能再低了。”对方终于松口，做出了让步。

“1660元吧，再多一分我们就不要了。”厂长继续讨价还价说，“你们最低可以给我让步到1670元，而我坚持1660元，难道就因为中间差的这10元钱，放弃了整单生意？值得吗？这样吧，你们也不要坚持1670元了，我也不坚持1660元了。我们二一添作五，各让一步，中间拉平取一个1665元。你看怎么样？”厂长虽然做出了让步，但依旧没有突破自己的底线。

这时，听了厂长的话，客户陷入了沉默。

厂长接着说："好了，我知道这个价格勉强你们了，但是你也不用这么为难。你回去请示一下你的老板，研究一下再定。今天我们就谈到这里，生意归生意，朋友归朋友，走，我们吃饭去……"

第二天，对方向领导请示后，双方以吨价1665元签订了原料的供货合同，与原定相比，每吨下降了25元。按照该厂每年用量6000吨来计算，这次谈判为厂里节约了15万元的成本费用。

谈判其实就是一个讨价还价的过程。现实生活中的谈判，很少有寸利不让而达成目标的时候。这时，我们就需要站在全局的高度考虑问题，明确自己的底线，亮出自己的底线，争取让我们的利益在底线之上，也就是最大化地不让利益流失。厂长面对供货商提高供货产品的价格的行为，确定了吨价1665元为进货的最高价格，也就是价格的底线。

面对供货商的不肯让步，厂长晓之以理，动之以情，经过激烈的讨价还价，终于守住了底线，将损失降到了最低限度。厂长之所以能取得这次谈判的胜利，正是因为他明确自己的底线，自始至终都没有突破自己的底线。那么，我们在谈判时，如何做到用情不滥情，守住谈判底线呢？

1. 明确自身的底线

在与说服对象进行交谈时，首先要明确自己的底线，划定一个自己能接受的最低标准，一旦触及，就要坚决捍卫。如果缺乏严格的底线，就很容易在谈判中盲目退让，最终无法在说服过程中占据上风，获得成功。因此，坚守自己的底线毫不动摇，在说服对方的时候才会有明确的目标，才会让我们的说服更有动力，才会提升说服结果的满意度。

一旦对方触及自己的底线，也不要慌张，要保持冷静和清醒的头脑，可以适当回避一下，为双方争取思考的空间，通过多种方法为自己争取回旋的余地。

2. 了解对方的底线

在谈判过程中，不仅要明确自己的底线，也要了解对方的底线，这样才能判断双方协议的空间有多大。一方面，不要轻易触及对方的底线，因为这样容易导致谈判的失败；另一方面，我们可以在对方底线的基础上适当增加筹码，为自己争取最大利益。

总之，在说服对方时，为自己设立一个底线，用情不滥情，坚守底线不放松，这样才能使双方之间的交流更有目的性、方向性，也更有效果。因此，无论在说服中遇到何种复杂难解的局面，都要坚守住自己的底线。

攻心为上，说服是一场心理战

有许多隐藏在心中的秘密都是通过眼睛泄露出来的，而不是通过嘴巴。

——爱默生

无论是在工作中，还是在生活中，快速建立良好的信任合作关系往往取决于一个人在交谈时所体现的说服力。为了让别人相信自己说的话，总有人信誓旦旦地说“我恨不得把心掏出来给你看”。不过，人心是不能掏出来的，想要了解对方的想法，通过解读他的一些表情和动作便可以做到。心理学研究表明，人的面部表情不能完全被我们控制，当我们说话的时候，一些表情或动作便会下意识地流露出来。通过识别这些下意识流露出来的表情或动作，我们便能判断出对方的真实情绪，甚至是真实想法。这便是我们常说的读心之术。

其实，读心的本领在人类婴儿时期就已经存在，当家长觉得孩子太淘气的时候，用一个眼神便能让他“安分”下来。事实证明，经过不断的展示和磨炼，彼此熟悉的两个人往往不用语言就能快速领会对方的意图。

在生活中，只要细心观察，总能发现一些语言之外的信息。通过这些信息，我们说话时便能针对对方的心理，完成高效说服，成为说服的高手。

在美国弗吉尼亚州的北部，一位年迈的老人站在岸边，等待船只过河。老人在寒风中瑟瑟发抖，可是船却迟迟没有来到。

这时，从远处传来一阵马蹄声，随着那些人越来越近，老人开始打量起他们。那些人一个个从老人身边走过，老人一直没有说话。直到最后一位骑士过来时，老人突然开口对那个人说：“这位先生，您能不能让我跟您一起骑马过河呢？您看，我等了这么长时间，连个船的影子也没见到。”

这位骑士停下来，说道：“老人家，我非常愿意为您效劳。上来吧。”他一边说一边跳下马，帮助老人骑上马，然后自己再骑上去。这个人不仅帮老人渡过了河，还特意将他送到了住处。

准备离开的时候，骑士终于忍不住问老人："老先生，我心里一直有个疑问，为什么您不去请求前面过去的几个骑马的人帮助你，而偏偏拦住了我，向我寻求帮助呢？您怎么会知道我会答应您的请求呢？"

老人听了这位骑士的话，平静地回答说："我是通过观察你们的眼神来判断的。前面那几位骑士，看到我时是一副若无其事的样子，他们的眼神告诉我，他们并不关心我的处境。而您却不同了，您看到我时，眼神中流露出无限的同情和关爱，从您的眼睛里，我看到了仁慈的心。所以我知道，您是不会拒绝帮助我的。"

这位骑士后来成为美国的第三任总统——托马斯·杰斐逊。

老人虽然和杰斐逊素不相识，但是通过细心的观察，从杰斐逊的眼睛里解读出了他的心思，明白只有这个人才有可能帮助自己。果不其然，老人不仅找到了愿意帮助自己的人，也找出了最杰出的人物。老人看到了杰斐逊眼睛中流露出的仁慈，准确地把握了对方的心理状态，虽然杰斐逊没有说话，但是，他的眼神已经出卖了他，让老人一眼便能看穿。两个人像心有灵犀一样，达成了默契。

在我们日常生活中，通过读心术洞察对方心思的例子有很多，应用也十分广泛。它能帮助我们更好地生活和与人交往。

比如在地铁上，如何快速地找到座位呢？这时我们可以设想自己是一个即将下车的乘客，那么会做出哪些下车动作呢？相信这个不难得出。我们可以看看有谁在频繁地看提示牌，谁在挪动身体有准备起身的倾向，谁开始整理自己的东西等。通过观察这些准备下车的动作，我们便能预测出谁即将下车，从而迅速找到座位。

读心术的实用性很强，通过解读人们无意间流露出的小动作和表情，便能洞察人的内心世界，这种对细节的观察能力能帮助我们在说服他人的过程中具备更大的优势。比如，对方已经显露出厌倦的神态和动作了，你还在那里滔滔不绝，就可能引发对方的反感；如果对方对你说的话表现出兴趣十足的样子，而你却不及时跟进，就可能削弱说服的效果；当对方表现出抵触和抗争的表情、动作时，你却没有及时发觉，合理引导，同样达不到高效说服的目的，甚至造成人际关系紧张、人际冲突的恶果。

1. 通过眼睛观察人心

眼睛是心灵的窗户，通过看一个人的眼睛，我们便能解读出很多信息。两个人谈话时，如果对方完全不看你或看别处，证明对你的话题已经不感兴趣，这时最好换一个话题。

一个人回忆痛苦的事情时，眼球会向左移动；回想开心的事情时，眼睛会向右移动。通过这种表现，我们可以有意识地改变对方的心情。例如，一般来说，与人对视之后马上转移视线的人，自卑心比较强。对待这样的人，我们说话要特别谨慎，以免刺痛对方。

2. 了解表示反感的小动作

当一个人对谈话感到厌烦甚至反感的时候，就会通过一些细微的动作表现出来，如打哈欠、低头、摆弄手指、拽衣角、两手交叉胸前、搔头、抖腿、不停地看表等。当谈话对象出现类似这样的小动作时，我们就要及时调整谈话方式，将其引到积极的谈话内容上来，或者暂停一下，让彼此有个缓和的机会。

3. 通过眉毛观察人心

当对方皱眉时，表明其对话题可能产生诧异、怀疑甚至否定的心理，对于谈话中出现的不信任情况，要及时跟进，及时纠正，以免留下隐患；当对方耸眉时，多表示不愉快，有时也表示无可奈何，或者是为了强调自己所说的话；当对方扬眉时，多表示欢欣鼓舞或者非常惊讶。

除此之外，我们还可以观察对方的嘴唇、鼻子等部位，发生在这些器官上的微表情和微动作，会给我们传递出很多重要的信息。都说“细节决定成败”，越是善于观察细节的人，越能获得更多重要信息，因为，很多小细节都隐藏着大秘密。

说服是一场心理战，想要在心理上战胜对方，就不能忽略人的表情、动作方面的“细枝末节”，这样才能保证说服的流畅性。

04

尬聊，沟通中的那些囧怎么破

总有些人干啥啥不行，气人第一名，一开口，就让人火不打一处来，避之唯恐不及。开口前多考虑对方的感受，是成年人的必备品质之一。愿你说让人舒服的话，做让人敬重的人。

因噎废食，不如及时挽救

说话周到比雄辩好，措辞适当比恭维好。

——弗兰西斯·培根

有一些沉默寡言的人，他们不爱说话不是因为他们喜欢沉默，而是因为太在意别人的看法，太在乎自己的形象。他们总是担心自己的言行会给对方带来不好的影响，害怕自己的形象毁于一旦，需要在人前说话或者表现时瞻前顾后，察言观色，害怕说错话、害怕出丑。他们总是这样暗示自己："写错的字可以涂改，说错的话却如飞出去的箭一样无法收回，所以说话时要谨防失言。"他们因追求完美而选择了沉默，并不是因为沉默是金。因噎废食的结果可想而知——这些人越来越沉默，直至逐渐成为社会的弃儿。其实，世上哪有常胜不败的将军？所以，不要过分担心自己会说错话，即便是真的说错了，也完全可以补救。

下面介绍几个在言语失当时巧妙化解尴尬的方法。

1. 及时改口

及时改口，可以在一定程度上避免当面丢丑，可以称得上是有效的补救手段。只是，这里需要的是发现及时、改口巧妙的语言技巧，否则要想化解难堪也是很困难的。

美国总统里根访问巴西时，由于旅途劳顿，年岁又大，在欢迎宴会上，他脱口说道："女士们，先生们！今天，我为能访问玻利维亚而感到非常高兴。"

有人低声提醒他说溜了嘴，里根忙改口道："很抱歉，我们不久前刚访问过玻利维亚。"

事实上，里根并未去过玻利维亚，听他讲话的那些人还未来得及意识到他的错误，里根就已经把这个失误隐藏进了后面的滔滔大论之中了。

2. 巧妙转换话题

说错话并不可怕，如果不是什么特别严重的过失，还是有补救的可能的。首先，错话一经出口，必须致歉，然后再借由错处立即转移话题，以幽默风趣、机智灵活的话语，改变当时的气氛，转移听者的关注点。

一名刚毕业的大学生去某跨国公司求职，负责面试的主管先生递过来名片。大学生神情紧张，匆匆一瞥，脱口道："滕野先生，您身为日本人，抛家别舍，不辞辛苦来华创业，令人佩服。"

那人微微一笑："我姓滕，名野七，是地道的中国人。"

大学生面红耳赤，无地自容，片刻后，灵机一动的他诚恳地说道："对不起，您的名字使我想起了鲁迅先生的日本老师——藤野先生。他教给鲁迅许多为人治学的道理，让鲁迅受益终生。希望滕先生日后也能时常指教我。"

滕先生面带惊奇，点头微笑，最终录用了他。

3. 将错就错

这种方法的意义在于补救，在错话出口之后，用巧妙地解释将错话纠正。其高妙之处在于，不动声色地改变对方原本的思考角度，为听者开辟一条新颖的不庸俗的思路，使对方的想法不自觉地按照我们引导的方向走，改变其原有的情绪，最后达到纠错的目的。

清朝大学士纪晓岚偶有一次称皇上为“老头子”，不巧被皇上听到，龙颜大怒。纪晓岚急中生智，说：“皇上万岁，谓之‘老’；贵为至尊，谓之‘头’；上天之子，谓之‘子’。”皇上听了，转怒为喜。

纪晓岚的将错就错令人叫绝。错话出口，索性顺着错处接下去，反倒巧妙地改换了语境，使原本轻慢的失语化作了尊敬的称呼，颇有些点石成金之妙。

4. 借题发挥

这个方法的有效之处在于，巧妙隐藏自己的过失，不仅不致有失颜面，还能给别人自己刻意为之的感觉。

5. 自我批驳

这个方法很简单，也很有效，甚至很多演员在面对记者采访的时候也会用到这招。

举两个例子：讨论公司情况的时候，有人这么说：“我认为公司的发展在近期不理想……”说着说着，他发现自己把意思说反了。这时，他可以停下来问：“大家认为这个看法对吗？”不等别人回答，自己马上抢先给出答案：“很显然，这个看法是错误的。”然后再针对自己之前的口误进行批驳，给别人一种你开始的说辞是在故意给自己“树靶子”的既视感，他们自然就不会觉得那是你的口误啦。

某领导在记者面前这么说：“到海南旅游要小心，各种陷阱太多，旅游业不规范。”说完后感觉不妥，就忙改口道，“这是网上部分网民的观点，我认为是片面的。首先……”一句差点酿成祸的错话，就这样巧妙化解了。

有口误？对不起我开个玩笑

恰当地用字极具威力，每当我们用对了字眼……我们的精神和肉体都会有很大的转变，就在电光石火之间。

——马克·吐温

世界上只有一种人永远不会出现口误、不会说错话，那就是从来不说话的人。就好比人们常说的“做事从来不会出错的人是从来不做事的人”。

常言道：“人非圣贤，孰能无过。”智者千虑，还必有一失呢，何况我们在日常生活中，每天都需要借助语言与人沟通，难免会出现一些口误，特别是在演讲的时候，更是不可避免。

在脱稿演讲时，演讲者面对的是几十位或几百位的听众，现场上的一些突发状况，比如演讲者正讲到兴头上，会场突然走进一人，或者听众席中出现了某种意外，都会干扰他的思路，从而导致口误的发生。那么，念稿子是不是就不会出现口误了？不一定。有些人念稿子时，要么因为紧张不安，要么因为觉得念稿比较容易，心理放松，过于轻率，也很容易导致口误发生。

事实上，对于口误，只要处理得好有时也会因祸得福，机缘巧合之下还可能成为你演讲中的神来之语。比如倘若能够将错就错，充分发挥出自己的智慧和巧嘴，通过搞笑的语言自圆其说，将窘迫消除掉，别人可能还会因此对你刮目相看，从而收到出乎意料的效果。

在一场关于“家庭问题”的演讲中，演讲者讲到不久前自己和妻子的一场纠纷，他绘声绘色地向听众描述着当时的场景。中间他讲道：“我愤怒极了，大声对妻子喊道：‘你给我滚出去！’”结果由于他太激动，脱口而出的竟是：“我给你滚出去！”听众听后哄堂大笑，他这才明白过来，发现自己把话说错了，不过他并没有立刻改正错误，而是选择将错就错。他风趣地把错误转化为一种幽默，继续说下去：“听到这句话，我妻子一下就愣住了，反应过来后突然弯腰大笑起来。止住笑后，我可爱的妻子突然哭着说道：‘我们和好吧！’”现场沉闷的气氛瞬间变得活跃起来。

自圆其说的做法，其实就是借力使力，充分发挥自己的智慧，将错误说“圆”。一个人如果可以为自己的错误自圆其说，让自己在不知不觉中转危为安，他绝对是一个拥有大聪慧、大机智的人。

那么，我们应该怎样做才可以自圆其说呢？

1. 将错就错

口误，往往是过于紧张或过于激动造成的，不少人都遇到过，特别是在初次施展演讲才华时最容易遇到。演讲者既不能为了面子而置若罔闻，也不能为了自尊而将错误掩饰过去，最佳方法便是将错就错。

一位节目主持人主持一次京剧庆典，因为事先对情况不太了解，所以错将海南师范学院党委书记南新燕说成了“小姐”。全场顿时一片哗然，然而主持人并未惊慌失措，而是真诚地说道：“您的名字真的是太诗意了，我一看到这三个字，就想起了一句古诗——旧时王谢堂前燕，飞入寻常百姓家。这幅图画多么美啊！今天，这里也出现了相似的情景，京剧兴起于北方，而现在，它却从北到南，跨过琼州海峡，飞到海南来安家落户了，这又是一幅何等优美的图画啊！”话音未落，场下响起了热烈的掌声。

在出现口误后，主持人及时意识到了自己的错误，但她并未惊慌，而是将错就错，发挥机智，巧妙利用古诗自圆其说，成功地帮助自己将窘困解除掉了。一番话让观众佩服不已，并送上了敬佩的掌声。

2. 不要马上急于道歉

出现口误后，不要马上急于道歉。很多人觉得道歉不仅可以挽回自己的面子，还能给听众留下认真负责的印象。事实上，这对演讲者来说是一个比较蹩脚的应对方法。首先，演讲的时候，为了让听众可以系统地了解演讲的内容，并给人以连贯、和谐的感觉，演讲者所讲的话常常都是一遍过的。突然开口道歉，会破坏演讲的连贯性和整体的和谐感，此外，听众也会因为这个状况而忘记之前的内容，演讲者自己可能也会因为突发状况而忘词。其实，多数听众只是在被动地听着演讲的内容，他们大多对演讲的内容并不熟悉或一知半解，甚至并不会意识到演讲者一时出现的口误。所以说，如果口误只是一些无关紧要的小错误，那么可以忽略不提，接着演讲就是了。

如果问题很严重，也不要惊慌。你可以不动声色地继续往下演讲，等到把这个问题讲完或选择一个恰当的时机巧妙地带过去。比如，可以询问听众："不知道大家发现没，我刚才说的过程中出现一个错误。"若得到的回答是肯定的，你可以赞美听众："感谢大家的支持，看来大家确实是认真听我说了，大家判断得不错，关于刚才那个错误，我们来看看正确的说法……"若得到的回答是否定的，你可以直接告诉他们："关于这个问题正确的观点应该是……"此外，在条件允许的情况下，你也可以选择用小幽默去化解这次事故，如"大家常说驴唇不对马嘴，我觉得不然，其实有时候也是可以的，就像刚才我们谈的这个问题，它的本来面目应该是……"这样的幽默不失生动活泼，既化解了窘境，又带动了气氛。

无论采取哪种方式去处理口误，你一定要落落大方，不卑不亢，让人觉得不突兀，就好像这本身就是演讲的一部分；说话真诚有礼，清晰流畅，让听众听得清楚，避免给听众留下不负责任、敷衍了事或企图狡辩的负面印象。

你句句带刺，我话锋突变

当我面对一群人，或是大众传播媒体谈话时，我总是假想自己是和“一个人”进行推心置腹的谈话。

——巴伯

所谓“转移话题”指的是用巧妙的语言将话题的锋芒转换到其他地方，从而使自己摆脱窘境。再聪慧的人，也会遇到难以回答的问题。面对这样的问题，如果不能巧妙地应答，就将陷入尴尬之中。

此时，最好的办法是巧转话题，用“动脑筋、急转弯”的方法进行似是而非、暗中转移话题的应对。

东晋简文帝酷爱书法。一日，他拿着自己的书法作品问臣子王献之："卿以为朕迹如何？""皇上之字自然是好的。"王献之答道。"好在何处？"简文帝追问，"与卿比如何？""陛下之书法，皇帝中第一；而臣之书法，人臣中第一。"王献之不卑不亢地答道。

王献之的回答就巧妙运用了移花接木之术，既没有失掉自己的尊严，又顾及了皇帝的面子。他把"两人中谁第一？"的问题变成了"皇帝中书法谁第一？臣子中书法谁又第一？"的问题，避开了他不想正面回答的问题，虽然答非所问，但结果使自己与皇帝都十分满意。

大年初一，有一个调皮的孩子一大早便出门找伙伴玩去了。玩到中午时分，才发现自己头上的新帽子不知道什么时候丢了，于是胆战心惊地跑回家去了。

母亲发现孩子的帽子丢了，自然很生气，要是在平时少不了要大声呵斥一番，可当天是大年初一，不能骂孩子，于是母亲强忍着怒气没有爆发。可是母亲仍然觉得这不是好兆头，所以心里非常郁闷。

此时，隔壁的李叔叔来串门，感觉到这位母亲的脸色不太好看，并且发现了孩子的胆怯，一打听才知道事情的原委，于是笑着说："孩子的帽子丢了，照我看这可是件好事情，这不恰恰意味着孩子要出头吗？今年你的孩子一定会学习进步，诸事顺利。”孩子的母亲听了以后，连连赞同：“是啊，还可以这样解释啊，说明孩子从此就要出人头地了！”于是大家都眉开眼笑起来。

孩子的帽子丢了，这本来算是一件很扫兴的事情，又是在新年的第一天丢东西，一般人都会觉得不吉利。而隔壁的叔叔有自己的解释，他回避了孩子贪玩结果把帽子弄丢了的事实，而强调了帽子是戴在头上，现在帽子没了就说明可以“出头了”，这样一来，大家都将注意力放在了出人头地的事情上，而忽略了丢东西的事情，一件坏事成了好事。

有位主持人在音乐晚会上报幕时是这样说的：“尊敬的各位来宾，下面我们将欣赏到多次获得国际比赛大奖的世界著名作曲家贝托罗先生用小提琴为我们演奏的几首美妙的乐曲。”

此时，贝托罗小声对主持人说：“可我根本不是什么小提琴家，我是钢琴家。”“女士们、先生们，”主持人连忙又说，“不巧，小提琴家把琴忘在家里了，因此，他决定改用钢琴弹奏几支曲子。这个机会难得，请大家鼓掌欢迎。”听众席上想起了热烈的掌声。

这位主持人利用移花接木法，把说错的话巧妙地转接过来，既纠正了自己的错误，又用幽默的语言调动了现场的气氛，获得了观众的好感。

其高妙之处在于能够不动声色地改变说话的情境，使听者不由自主地转变原先的思路，顺着说话者的思路前进，从而避免了因口误而造成的尴尬。

在一次记者招待会上，外国记者别有用心地问中国作家王蒙："请问，20世纪50年代的你与20世纪80年代的你有何相同与不同？"这位记者的用意是路人皆知的，王蒙当时也十分清楚。他不慌不忙地抬起头，从容不迫地回答道："20世纪50年代的我叫王蒙，20世纪80年代的我也叫王蒙，这是相同之处；不同的是，20世纪50年代的我20来岁，20世纪80年代的我50多岁了。"

这位记者的提问只给出了年代限定的范围，王蒙虽然知道对方是想借机让他谈一谈对中国国内形势改变的感受，但是故意曲解其本意，只是从自己年龄变化的角度作答。这个回答虽然也算是"合格"，但实际上没有给对方任何有用的信息，避免了对敏感问题的触碰。

有位导游带着旅游团到某一历史名城参观。当他向大家介绍这座城市的光辉历史的时候，有游客提问道："请问有什么大人物诞生在这座城市吗？"导游一下子愣住了，因为他也不知道。

众多游客围了过来，打算了解一下。导游见状灵机一动，非常机敏地说："先生，这座城市里诞生的都是婴儿啊！"旅游团的成员们听后都大笑了起来。

作为一名导游，带领游客参观古城，却连古城历史上有哪些名人都不知道，这本来是一件很难堪的事情。如果直接回答"不知道"，会让导游十分尴尬，后面的解说也将让人充满怀疑。但这位导游却巧妙地运用了转移话题的语言技巧，暗中将问题从"诞生了哪些名人"转移到"诞生的是什么"上。尽管导游的答案似是而非，但大家都清楚这只是个玩笑，于是乐在其中，导游的尴尬也随之化解。

没有理没有据，对方给我们找

谈话，和作文一样，有主题，有腹稿，有层次，有头尾，不可语无伦次。

——梁实秋

在日常的沟通、交流的过程当中，借力打力是一种非常实用的说话技巧，尤其是在遇到对方的侮辱之后，学会使用借力打力的说话方式进行还击，往往可以获得良好的效果。

某高校举行了一场主题为“知难行易”的辩论赛，其中有这么一个回合。

反方首先对正方发力：“我们想要请教一下对方辩友，今天基本上任何一个中国人或者说任何一个种族的人都知道杀人者死，或者都知道杀人是不对的，但是为什么还是有那么多人无法克制内心的欲望而去杀人呢？所以说‘行难’啊！”

正方借力打力，巧妙地将对方的难题给抛了回去：“对啊！那些人正是因为上了刑场死到临头时才知道法律的威力和法律的尊严，这不就是‘知难’吗？”

反方接下来以“知法容易守法难”的实例论证“知易行难”；正方马上转而化之，借助对方的论据，从“知法不易”的角度强化己方观点，给对方以有力的回击，变被动为主动。

事实上，“借力打力”这种方法自古以来就是一种被广泛运用的谈话技巧。

春秋战国时期，昭公十八年，郑国发生了火灾。为了防备敌人和歹徒趁机作乱、趁火打劫，执事子产就加强了全国戒备。

令人想不到的是，如此一来邻国晋国驻守边境的官吏竟指责说：“郑国发生了火灾，却导致晋国的国君、大夫都不敢安居，他们占卜占策，奔走四方，遍祭名山大川，不爱惜牲畜玉帛。郑国有火灾是国君的忧虑，可是，执事您却大发武器，究竟打算拿谁治罪呢？边境上的人都为此感到害怕，不能不向您禀报。”

子产听后答道："就像您说的那样，敝邑的火灾是君王的忧虑。敝邑的政事不正常，上天已降下火灾。我们更害怕邪恶的人乘机打敝邑的主意，再次对敝邑不利，更加重君王的忧虑。如果将来有幸不被灭国，那还可以解释；如果将来不幸郑国被灭了，那么，君王即使为敝邑忧虑也来不及了。郑国如果遭到别国的攻击，只有希望取胜或投奔晋国。现在我们已经臣服了晋国，又怎么敢有三心二意呢？"

郑国加强戒备的举措，其实是郑国的内部事务，本来用不着别的国家来干涉。但是当时的形势是晋强郑弱，实在得罪不起。因此，子产在回答时充分注意避免激化矛盾。而且，为了巩固双方的"和平共处"，他巧妙地把分发武器以防备"乘机打敝邑主意之人"的正当理由与对方的话挂上钩。经过解释，不但句句在理，而且处处借助对方的话语，为对方所言的"君王忧虑"着想，实属滴水不漏，无懈可击。在结语时他进一步表达了郑国对晋国的依赖关系和忠心态度，也有力地打消了晋国的疑虑。

看来，借力打力的确是一种巧辩，它不直接用自己的话来与对方争辩，而是借用对方的言论或他人的言论来作答，以子之矛攻子之盾，从而改变对方的观点，以此实现自己的目标。

除此之外，春秋战国时期的许绾劝说魏王时也使用了这一招。

当时魏王一时心血来潮，想要建造一座很高很高的台阁。在魏王的设想中，这座高台的高度恰好是天与地之间距离的一半。魏王还给这座高台取了一个霸气的名字，叫作“中天台”。

大臣们觉得此决定很荒谬，于是纷纷前来劝阻魏王。魏王感到非常生气，他传下命令说：“谁要是再来反对我的决定，我就杀了谁！”这样，群臣便不敢进言了。

有一天，许绾背着筐、拿着铁锹到王宫来求见魏王。他对魏王说：“听说大王要建一座‘中天台’，我愿前来助大王一臂之力。”

见到这个前来帮助建造高台的第一人，魏王感到很高兴。魏王问他：“你有什么力量能够帮助我呢？”

许绾说：“我没什么了不起的力量，我只是能与大王您商量建台的计划。”魏王连忙高兴地问他说：“你有什么高见？快讲来让我听听。”

许绾不慌不忙地说：“大王您在建造高台之前，先得发动大规模的战争。”魏王很不理解地问：“你这是什么意思？”

许绾答道：“请大王仔细想一想。我听说天地间相距一万五千里，中天台的高度是它的一半，那就是七千五百里，要建七千五百里高的台阁，那么台基就得方圆八千里。现在拿出大王的全部土地，也远远不够做台基的。古时尧、舜建立的诸侯国，土地一共才方圆五千里。大王要建中天台，首先就得出兵讨伐各诸侯国，将各诸侯国的土地全部占领。这还不够，还得再去攻打四面偏远的国家，得到方圆八千里的土地之后，才算凑齐了做台基的土地。另外，造台所需的材料、人力，造台的人需要吃的粮食，这些都要以亿万为单位才能计算。同时，方圆八千里以外的土地才能种庄稼，要供应数目庞大的建台人吃饭，不知道还得要多大的土地才够用呢？所有这些，都必须先准备好了，才能动工造高台。所以，您应该先去大规模地打仗。”许绾说到这里，魏王目瞪口呆，一句话也说不出来。最后，魏王终于放弃了造“中天台”的想法。

许绾通过认可魏王的要求，给魏王描绘了一幅基本不可能实现的景象，用魏王自己的话堵住了他的嘴，可以说是借力打力的典范。

通过上面的例子，使我们知道在不同意对方的观点，又不宜直接反驳时，可以按照对方的观点或理论谈下去，等到某个时机，再给对方以有力的反驳。因为观点是对方提出的，他是没有理由反驳你的，所以，你一定会赢得主动权，摆脱尴尬。

幽默，你值得拥有的沟通力

幽默是智慧的最高体现，具有幽默感的人最富有个人魅力，他不仅能与别人愉悦相处，更重要的是拥有一个快乐的人生。

——查理·卓别林

卡耐基有句名言："关于沟通，除了词汇之外，最重要的就是幽默。"作家普里兹文也曾经说过："生活中没有哲学还可以应付过去，但是没有幽默则只有愚蠢的人才能生存。"英国作家哈兹里特更是把幽默在谈吐中的作用，比作是炒菜中的调味品。

幽默是一个人的学识、才华、智能、灵感在语言表达中的体现，是一种能抓住可笑或诙谐想象的能力，是一种解开人们心结的智慧和情趣，是缓解矛盾，让我们的沟通变得轻松愉快的润滑剂。它能表达一个人真诚、友爱的性格，能沟通人与人的心灵，拉近彼此之间的距离，填平鸿沟，减少摩擦，有效地调节人际关系，从而提高沟通的质量。它能让人在开怀大笑之中，冰释前嫌、释放压力、解开心结。轻松地幽默一下，便能让人们在笑声中消除人与人之间的隔阂，化解人与人之间的矛盾，使人际关系更加和谐。可以说，幽默在人际交往中是最好打的感情牌，最容易俘获对方的心。

生活中处处都存在幽默的身影，它就好像鲜花一样盛开在人们的心田，不仅让自己感受到快乐，也给他人带来美丽和芬芳。生活需要幽默，就如同鱼需要水、树木需要阳光一样。日常生活中我们总能遇到这样一种情况，不论是在疲劳的旅途上，还是在焦急的等待中，一句幽默的话，或者是一个风趣的故事，总能使人笑逐颜开，疲劳消除。

所谓幽默，就是通过自嘲、调侃、机智、风趣的话语，让对方欢笑。一般来讲，一个人的谈吐仪态自然优雅、机智诙谐、风趣、懂得自嘲、引人发笑，都可称为是个幽默之人，而能善用比喻，将有趣的故事导入主题的人，更能令人印象深刻。

在一次庆功会上，一位将军在与一名士兵碰杯的时候，士兵由于紧张，举杯时用力过猛，竟把一杯酒都泼到了将军的头上。士兵当时吓坏了，可老将军却用手擦了擦头顶的酒笑着说："小伙子，你以为用酒能治好我的秃顶啊，我可没听说过这个药方呀！"一句话说得大家都哈哈大笑了起来。

人际交往是幽默大显身手的好地方，妙语连珠、谈笑风生是接通感情热线的关键。具体来说，幽默在人际关系种的作用主要表现在以下几个方面。

1. 幽默让气氛不再严肃，使人精神放松

一个社会不能没有幽默。有人形象地说："没有幽默的语言是一篇公文。"现代社会趋向高效率、快节奏，需要大信息量，这样必然会使人的大脑产生疲劳。如果我们的生活多点笑声，多点幽默，就会消除人们的烦躁心理，保持情绪的平衡。说话，在某种程度上，具有一定的娱乐性。它不应该让人感到紧张、费力，而应给人一种舒适、轻松之感。幽默的谈吐往往惹得人捧腹大笑，而缺少幽默则会让人感到沉闷枯燥。

在和人交谈的过程中，如果用词过于严肃，就会形成紧张的氛围，很难让大家感受到愉快、欢乐。如果在交流的时候适当地用一些幽默的句子，就可以让现场的气氛活跃起来，让交流变得更富有成效。

经常在小区棋牌室活跃的老王已经很久没有光顾了。这次一来，牌友老孙就问："老王啊，这几天怎么都没有看到你呢？"

老王一脸严肃，说："不要再说了，我被'双规'了！"

老孙吓了一跳，问："啊？究竟怎么回事啊？贪污了吗？"

老王一笑，说："哈哈，我儿子与儿媳妇找我谈话了，让我每天在规定的时间接送孙子上下学。"

众人这才恍然大悟，哈哈大笑起来，气氛也一下子变得活跃起来。老王的幽默诙谐更是深入人心。

幽默的人给人以智慧、大度、机敏、洒脱的感觉。和具有幽默感的人相处，会让人感觉到放松、乐观以及如沐春风般的温暖。他们最大的特点就是能带给人以欢笑，而笑是去除烦恼、振奋精神、缓解压力的重要方式。当一个人心绪不宁、状态不佳、烦恼苦闷的时候，如果我们通过幽默的方式让对方高兴起来，开怀大笑，那么一切烦恼就会烟消云散，心结也会打开。

2. 使人摆脱窘境

幽默、风趣的言谈，有时能使尴尬、难堪的场面变得轻松和谐，使人们立即消除拘谨或不安；有了它既活跃了气氛，又融洽了人们的关系。

里根就任美国总统后，第一次访问加拿大时，向群众发表演说，可这时许多举行反美示威的人不时地打断这位总统的话语。陪同他的加拿大总理皮埃尔・特鲁多显得很尴尬，里根却面带笑容地对他说："这种事情在美国时有发生。我想这些人一定是特意从美国来到贵国的，他们想使我有宾至如归的感觉。"里根用幽默、风趣的言谈，使紧皱双眉的特鲁多顿时眉开眼笑。

在产生误会、摩擦、矛盾的情况下，缺乏幽默感的人，往往会把事情弄得一团糟，而有幽默感的人，却能机智敏捷地道出别人的不足，在微笑中表明自己的观点，从而使误会得以缓解或消除。

一天，英国著名的文学家萧伯纳在街上散步，突然被一个骑自行车的"冒失鬼"撞倒在地，幸好没有受伤，只是虚惊一场。骑车的人急忙把他扶起来，连声道歉，为自己的冒失感到自责。可是萧伯纳却略显惋惜地说："先生，你的运气真不好，如果你把我撞死了，你就可以名扬四海啦！"

萧伯纳的这一句幽默妙语，不仅表现了自己的大度，还用自己的友爱和宽容，把自己和肇事者从尴尬、紧张的窘境中解放出来，使得这件事得到了友好的处理。

3. 幽默可以赢得别人的支持与帮助

使用幽默的词汇，更容易让人产生共鸣。所以，一个有幽默感的人，往往会受到每个人的喜欢。你说的话让别人开心，这些话就会深刻地印入他的脑海中，同时还可能给他留下美好的印象。别人一旦发现了你的幽默，往往会觉得你十分可爱，这样一来，在交流的时候，也会很开心地对你进行指导。当你出现困难的时候，你通过幽默的语言将这种烦恼表达出来，别人也会心甘情愿地帮你解决问题。

4. 用幽默还击恶意的嘲笑

在日常生活中，我们经常会遇到这样的尴尬，譬如，别人对你冷嘲热讽、和别人交谈的时候遇到冷场、无意中犯下错误、毫不知情的情况下惹了麻烦等，在这种情况之下，就可以用幽默将问题逐一化解。

当我们受到他人冷嘲热讽的语言攻击时，如果用同样的方法回击对方，很有可能激化矛盾，且最终闹得一发不可收拾。相反，如果我们在受到他人的语言攻击时，用一种幽默的方式巧妙地回应，所收到的效果会更好。

德国大诗人海涅是犹太人，正是因为这一点，让他经常遭遇非礼。在一次晚会上，有一个“很有教养”的旅行家，对海涅讲述他在一次环球旅行的时候发现了一座小岛。他说道：“你猜猜看，这个小岛上的什么现象最让我感到惊讶？”紧接着他冷冷一笑，讽刺地说，“在这个小岛上没有犹太人和驴子！”海涅很不高兴地白了他一眼，然后不动声色地回答道：“如果真的是这样，那么只要我和您到这个小岛上，就可以将这一遗憾弥补了！”旅行家被嘲弄得满脸通红。

5. 机智之言，化干戈为玉帛

幽默可以化解敌意。在日常生活中，冲突随时都有可能发生，善于运用机智的语言，就可以化干戈为玉帛。

有一个小故事，说的是镇上有一家酒楼老板的脾气十分暴躁，只要是到他家喝酒的人，只可以说酒好，不可以说半点不是。有一次，一个过路的人到这里喝酒，刚刚喝了一小口，就忍不住叫了出来：“酒真的好酸啊！”老板听到之后就大叫起来，吩咐伙计拿棍子打他。此时，又进来一位顾客，问道：“老板为什么要如此动气呢？”老板说：“我的酒已经远近闻名，但是这个人却说我的酒是酸的，你说该不该打他？”这个人说：“老板且慢，不妨让我来尝一尝。”刚尝一口，这个人的眉毛和眼睛就挤到了一起，模样十分夸张，脱口说道："你还是把他放了，打我两棍子吧！"大家哄堂大笑，都劝老板"算了算了"，一句幽默诙谐的话语就这样将一场纠纷化解了。

化解矛盾的时候，需要明辨是非，哪怕是没理的乙方，直接指责也会让矛盾升级，甚至会将自己卷入。此时，用幽默的话语营造出融洽的气氛，很可能就会让矛盾在无形之中得到化解。

6．讲明是非，进行教育

幽默、风趣将人的智慧和语言技巧巧妙地结合起来，揭示出事物的深刻含义，让人在含笑中明辨是非。它还可采用影射、讽刺的手法，巧妙地揭露对方的缺点，使人在笑声中受到教育。

当然，我们还可以用幽默去鼓励别人，帮助他们取得更大的成就，也可以把重大的责任托付于人，减轻自己的负担，以便你更主动、更自由地发挥创新精神，在事业上有所建树。

对于男性来说，幽默也是和女士拉近距离的一个手段。有句话是这么说的：如果你能让一个女人连续笑三次，那么她对你的防范之心就会降低很多。

值得我们特别注意的是，幽默虽然可以让人际关系变得和谐，但是如果运用不当，就会适得其反，破坏平衡感，深化矛盾，引发激烈的冲突。

在一家饭店，一位顾客十分生气地对服务员叫道："这究竟是怎么一回事？这只鸡的腿为什么比另外一只鸡的腿短？"服务员故意十分幽默地说："那有什么！你究竟是想要吃它，还是想要与它跳舞啊？"顾客听到之后十分生气，一场原本可以大事化小的争吵就这样开始了。

幽默看似轻浮，但绝不是低级趣味。幽默的语言是人们自然感情的流露，它必须有深刻的思想意义，它的运用要服从于思想、情感的表达。幽默追求的境界是哲学的简朴和思想的飘逸。仅以俏皮话、耍贫嘴、恶作剧来填充幽默的不足，换取廉价的笑是浅薄的。

所以，幽默还得高雅得体，态度还要和善谨慎，不可以伤害对方。幽默且不失分寸，才可以让人际关系变得更加融洽。

没幽默，创造机会也要幽默

你说什么样的话，你就是什么样的人。

——蔡康永

幽默是一种说话艺术，谁都喜欢和那些谈吐幽默、极尽风趣的人交谈，因为每个人都有一颗趋向阳光与欢乐的内心。相声、小品之所以成为最受欢迎的节目，就在于它的表现形式离不开幽默。而口才好的人，差不多都善用诙谐幽默的语言，他们大都具有极强的幽默感，往往三言两语就能使人忍俊不禁，甚至让人开怀大笑，总能在相处中带给别人轻松愉快的感觉，为每一次交谈增添乐趣，从而使他在人际交往中魅力无穷，倍受欢迎。

既然幽默对人与人之间的沟通有着如此重大的作用，为了更好地运用幽默，我们必须有意识地对自己的幽默语言进行修炼。那么，具体应该怎么做呢？

1. 一语双关

双关，从字面意思解释就是，说出的话包含了两层含义：一层为这句话本身的意思，另一层是引申的含义。幽默就潜藏在这层引申义里，言在此意在彼，让听者不只从字面上去理解，还能领会言外之意。如果对方能够领会到其言外之意，那么就会给他以全新的趣味横生的印象。双关语言便是这样达到幽默的效果的。

传闻李鸿章有一个远房亲戚，没有什么学问却热衷科举，打算在仕途上有所发展，一心想借李鸿章的关系捞个一官半职。他在考场上打开试卷，竟无法下笔，眼看要交卷了，便灵机一动，在试卷上写下“我乃李鸿章中堂大人的亲妻”，指望以此获得主考官录取。主考官批阅这份考卷时，发现他竟将“戚”错写成了“妻”，提笔在卷上批道：“所以我不敢娶你。”

“娶”与“取”同音，主考官针对李鸿章这个远房亲戚的错字，来了个双关的“错批”，既有很强的讽刺意味，又极富情调。

2. 正话反说

反话是一种颠倒黑白是非而产生的幽默。与双关不同，正话反说的引申义所表达的意思与字面意思完全相反，如果字面上的意思是肯定，实则起否定作用；若字面上的意思是否定的，所表达的意义就是肯定的，这也是产生幽默效应的有效方法之一。这个方法被广泛运用于相声、小品之中。

3. 有意曲解

所谓曲解，就是歪曲本意。通常，将曲解用于幽默，一般都是采用荒诞的技巧进行解释，或以轻松、调侃的态度解决一个问题，更甚者，将两个表面上毫无关联的东西联系起来，造成一种不和谐、不合情理且出人意料的效果。

一位妻子向她的丈夫抱怨说：“你看邻居那位先生，每次出门都要吻他的妻子，你就不能做到这一点吗？”她的丈夫说：“那当然可以，不过我目前跟那位太太还不算太熟。”

4. 巧妙解释

即对原意加以巧妙地解释而造成幽默效果。

英国著名女作家阿加莎·克里斯蒂和比她小13岁的考

古学家马克斯・马温洛结婚后，有人问她为什么要嫁给一个考古学家，她说："对于任何女人来说，考古学家都是最好的丈夫。因为妻子越老他就越爱她。"这一巧妙地解释，既体现了克里斯蒂的幽默，又说明了他们夫妻关系的和谐。

5. 夸张

将事实进行无限的夸张，就会造成一种极不协调的喜剧效果，这种效果会给人传递一种幽默感。

马克・吐温有一次坐火车到一所大学讲课。因为离讲课的时间已经很近了，他十分着急，可是火车却开得很慢，于是他想出一个发泄怨气的办法。当列车员过来查票时，马克・吐温递给他一张儿童票。这位列车员也挺幽默，故意仔细打量，说："真有意思，看不出您还是个孩子哩。"马克・吐温回答说："我现在已经不是孩子了，但我买火车票时还是孩子。"

火车开得慢确是事实，但绝不至于慢到让一个人从小孩长成大人。马克・吐温巧妙地将火车开得慢和乘客焦急的心情进行了无限的夸张，产生了特殊的幽默效果，令人为之捧腹。

6. 善用比喻

使用比喻，不仅能够让你的语言更加形象生动，而且还能在你不经意说错话的时候，帮助你挽回不良后果。

一位县太爷拜见钦差大臣。把公事谈完之后，钦差大臣问道："听说贵县有很多猴子，不知道它们一般都有多大？"县太爷不假思索地答道："大的猴子嘛，大概有大人这么大。"话刚说出来，县太爷便感到有些不对劲。事实上，他想表达的意思是，大一些的猴子有成年人那么大，而不像小猴子，只有小孩子那么大，然而他终究还是说出了"大人"，好像有取笑钦差大臣的意思。这可如何是好呢？县太爷灵光乍现，赶紧补充道："大的有奴才那么大。"钦差大臣听后，脸上掠过一丝微笑。

县太爷将自己比喻成猴子，通过贬低自己这一方式，成功化解了危机。这个故事告诉我们，在运用比喻的时候，应该做到自然得体，不露痕迹，让对方觉得天衣无缝。

7. 仿拟

仿拟是用固定语言形式来叙述的一种表达方式，我们在与别人说话的时候，可以套用现有的词、句、篇等语言，将所描述事物的内在矛盾揭示出来，从而创造出新的意境。

8. 对比法

在现实生活中，有时内容和形式、愿望和结果等方面，会出现强烈的不协调状态，于是乎，不和谐的对比便由此形成了。这种强烈的反差，往往可以产生明显的“笑”果。

9. 倒置法

在特定的条件下，将事物的正常关系倒置过来，往往也可以造成滑稽可笑的效果，这便是所谓的倒置法。倒置的表现形式有很多种，在一定的情景下，包含角色的倒置、语言的倒置、事理的倒置等。

10. 巧设悬念

巧设悬念的幽默之术，是幽默技巧中最常见的一种。这种幽默通常是将自己的思路纳入对方的思维轨道，突然一个急转弯，将对方置于困惑的境地之中，之后用一句关键性的话语道破，起到画龙点睛的作用，让众人在出乎意料之中爆笑不断。

在和他人聊天的时候，充分发挥你的才智，就可以用设置悬念的幽默之术达到你的目的。幽默的最高境界莫过于此了。只不过，使用巧设悬念的幽默之术，需要注意以下两点：

（1）不要总是故弄玄虚，让人摸不着头脑。任何幽默都要求自然得体、顺理成章。如果总是故弄玄虚，不但不会让人感到幽默，反而会招致反感。

（2）做好充分的铺垫，不要急于求成。先让听众对结果产生错误的预料，然后再在听众的要求下道出真正的原因，让听众得到缓冲的机会，这样听众就可以深刻地了解其中的奥妙。

总之，要想与别人建立良好的关系，幽默的话语是其中不可或缺的黏合剂。倘若你想拥有和谐的人际关系，成为一个快乐的人，就应该时刻修炼自己的语言功夫，让幽默常伴常随。相信，只要掌握幽默的秘诀，幽默之语就可以运用得游刃有余了。

培养幽默思维就是这么简单

一个真有幽默的人别有会心，欣然独笑，冷然微笑，替沉闷的人生透一口气。

——钱钟书

我们生存在一个竞争越来越激烈的社会中，人们变得越来越匆忙。然而在追求效率、追求时间的同时，人们也由此产生了巨大的心理压力和焦虑感。此时，幽默是最好的“减压阀”，它不仅能使你的心情变得轻松愉快，还能使你在交际交往中左右逢源，马到成功。

而要想成为一个幽默的人，就要学会幽默思维，将生活中的喜剧因素一一捕捉。这里所说的幽默思维，其实就是一种错位思维，即不按照普通人的思路思考，而是往有趣味的一面岔去。幽默家总是在协调的事物中找出不协调的因素来，敏锐地观察变幻着的事物中怪异的地方，并用十分自然的口吻说出来，这样逐渐形成的一种习惯就是幽默思维。

法国大文学家巴尔扎克有一段时间穷困潦倒，身无分文。一天，巴尔扎克写作写到深夜，饿着肚子上了床，他辗转反侧，难以入睡。正在这时，恰有一个小偷光顾，小偷翻东西的声音吵醒了巴尔扎克。巴尔扎克对小偷说：“请你别再找了。我白天都翻不到钱，你在夜里难道能翻到钱？”小偷听后知趣地走了。

巴尔扎克用幽默的语言既赶走了小偷，又巧妙地说出了自己的窘境，足见他的思维方式的过人之处。

一件很平常的或使个人懊恼的事到了幽默家的口中，就有可能显出滑稽可笑的成分来，而缺乏幽默感的人，即使很好笑的事经他嘴里讲出来也会味同嚼蜡。为什么会出现这种不同呢？原来幽默家有他们自己的幽默思维法。

幽默家在进行幽默思维时，把两件表面上似乎毫无联系的事物牵扯在一起，从不协调中产生协调，从而产生幽默，我们不妨把它叫作“近似联想”。可以说，近似联想是幽默思维的基本要素，也是创造性思维的重要因素。

俄罗斯著名的丑角演员杜罗夫，有一次在幕间休息的时候，一位很傲慢的观众走到他的身边，讥讽地问道："丑角先生，观众非常欢迎你吧？"

"还好。"

"要想在马戏班中受到欢迎，丑角是不是就必须具有一张愚蠢而又丑的脸蛋呢？"观众又傲慢地问。

"确实如此，"杜罗夫回答说，"如果我能有一张像先生您那样的脸蛋，我准能拿双薪。"

这位傲慢的观众的脸蛋同杜罗夫能否拿双薪本无丝毫内在的联系，在这里杜罗夫却巧妙地把它们牵扯在一起，从而产生了幽默，对这位傲慢的观众进行了讽刺。

那么，在日常生活中，我们如何培养自己的幽默思维，才能更快地掌握幽默的语言方式呢？

1. 懂得人类为什么会笑

当我们看喜剧节目，或听幽默段子的时候，总是会不小心被戳中笑点，然后哈哈大笑起来。但是很多人却不明白我们为什么会笑。其实，这主要是因为你的意外感、优越感在起作用。

意外感就是你的话让别人感到很出乎意料，例如正话反说：今天天气真好，又刮风又下雨的。优越感指的是你在跟别人对话时，你抛出一个"梗"，这个"梗"会让人感受到优越感，进而发笑。例如当看到一个人踩到西瓜皮而摔得四脚朝天时，看到他尴尬的样子，你就会大笑起来。这种发笑其实就是优越感在作祟。

2. 保持积极乐观的心态

人生不如意事十之八九，如果总是看到生活的阴暗面，人就会变得消极懈怠起来。其实，任何事情都是有多面性的。我们要学会看到事情积极阳光的一面，保持积极乐观的心态，就算不如意、不顺心的时候，也能通过幽默的方式消除烦恼，解开心结。所以，具有幽默感的人，往往都是具有积极乐观人生态度的人，因此，才会有很多的人喜欢他们、信服他们。

乐观和幽默是一对亲密的朋友，在现实生活中，倘若可以多一点趣味与轻松，多一点笑容与游戏，多一份乐观与豁达，幽默的能力自然而然就会得到提高。

3. 扩大自己的知识面

幽默是一种智慧的体现，它的基础通常都建立在丰富的知识上。要想做到谈资丰富，妙言成趣，我们首先要有广博的知识，这样才能说出恰当的比喻。所以，在日常生活中，我们一定要广泛涉猎，不断充实自我，持续从书籍中寻找幽默的真谛。

4. 培养幽默感

幽默感是可以培养的，只要你细心观察生活，善于发现，幽默无处不在。注意搜集有用的素材，丰富多彩的现实生活里面存在着很多有趣的素材。平时多看一些搞笑的电视、电影以及相声、小品、综艺节目等，学习他们幽默的表达方式，学会如何抖包袱，如何拿自己开涮，制造意外感，等等。时间长了，我们的幽默感也会得到提升。

培养幽默思维就是这么简单，你稍稍努力尝试就可以学会，成为一个谈吐幽默的人。

有种高阶情商叫自黑

没有幽默滋润的国民，其文化必日趋虚伪，生活必日趋欺诈，思想必日趋迂腐，文学必日趋干枯，而人的心灵必日趋顽固。

——林语堂

海幂·福斯第曾经说过：“笑的金科玉律是，不论你想笑别人什么，先笑自己。”正所谓“只有敢于嘲笑自己的人，才有权利开别人的玩笑”。

自嘲，是人际交往中的一种利器，一般都是运用自我取笑的方式，从而达到幽默的效果。力求个性化、形象化并且适当地自嘲，能够让我们的话变得更加生动有趣，卸掉别人对我们的防备之心，制造出一些轻松活泼的气氛，让他人感受到我们的人情味与可爱。

英国作家杰斯塔东是个大胖子，由于体积过大，行动往往不太方便。但他不以胖为耻，还愿生生世世做个胖子。有一次他对朋友说："我是个比别人亲切三倍的男人。每当我在公共汽车上让座时，便足以让三位女士坐下。"这轻松愉快的自嘲，既创造了轻松愉快的幽默，同时又表现了杰斯塔东高度的自信。

在人际交往中，我们经常会遇到一些意料之外的情况，可能是自己言语失态，在谈话的过程中戳中了他人的痛处，伤害了他人的自尊心；也可能是对方对自己的行为有别的看法；也可能是周围的环境对我们的相处有不利影响，等等。这些意想不到的情况随时都有可能令我们狼狈不堪，一板一眼的解释又起不到什么作用，这时，最有效的化解方法就是自嘲，最重要的一条原则就是宁可取笑自己，也不调侃别人。

比如，在交谈的过程中不小心说出了不当的话，让对方感到不快，你可以自嘲说："唉，我真是长了一张破嘴，管不住自己的嘴，希望你多多谅解。"只需要一句俏皮的话就可以让对方倍感舒服。

又如，一位妈妈想要帮助自己身有残疾的孩子找一份工作，你随口说道："如今，残疾人找工作难啊！"这样的话一定会让那位妈妈感觉不舒服。这时，你可以马上弥补道："唉，话又说回来，四肢健全的人也未必一定发达。人家张海迪半身不遂，却可以学到一身的本领，名扬天下。我这人，四肢发达，头脑简单，又不会说话，一直混到现在才算有口饭吃……"

自嘲的内容，可以是自己成长中的趣事，可以用诙谐的方式进行自我介绍，也可以说说自身的缺点与不足，甚至是缺点为自身带来的好处与应该吸取的教训，还可以说说自己一段有惊无险的经历。

自嘲虽然会暴露自己的缺点，但却不会放大缺点，这种方式不仅能够拉近彼此的距离，给自己的魅力加分，更有利于消除紧张的气氛，使冲突得以化解。

1862年的一天，美国著名黑人律师约翰·马克在即将上台演讲前被告知，听众大多数是白人，而且其中有不少人对黑人怀有偏见。于是他临时改变了自己演讲的开场白，从争取听众入手。

"女士们，先生们，我到这里来演讲，不如说是给这一场合增添点色彩。"他自我解嘲道。台下的听众听后大笑起来，气氛顿时活跃了起来，对立的情绪无形中被笑声驱散。尽管接下来的演说言辞相当激烈，但会场秩序始终维持得很好。这场演讲，最后取得了巨大的成功。这就是演讲史上著名的篇章《要解放黑人奴隶》。

在工作中，当遇到对自己不利的事情，或身陷困境时，不要惊慌，根据现场情况，巧妙、及时地使用自黑的方法来一次自我调侃，不仅转移了别人的视线，为自己摆脱困境创造了机会，还能让紧张的情绪放松，争取有利的局势。

有一位语文老师，说话带有广东腔，普通话十分不标准。有一次上课，在讲述某一个问题的时候，为了让同学们更好地理解，他原本需要说“我有四个比方”，结果说成了“我有四个屁放”，教室内顿时爆笑声一片。老师灵机一动，吟出了一首打油诗：“四个屁放，大出洋相，各位同学，莫学我样，早日练好普通话，年轻潇洒又漂亮。”听完之后，教室内响起了热烈的掌声。从此以后，再也没有同学嘲笑过老师的口音。

在遇上尴尬的处境的时候，遮掩只会放大尴尬，与其强颜欢笑，不如适当自嘲，这不仅能让自己摆脱尴尬的处境，还能给对方营造一种轻松的氛围，让即将发生的纠纷趋于平静。

洛伊是20世纪20年代到80年代美国著名的影星，在这期间，她一直活跃在银幕上，她的形象在大家心目中一直是完美的。但她在晚年的时候却开始日渐发胖。朋友多次邀请她一起去海滨浴场游玩，她都以各种理由推辞了。

在一次记者招待会上，一位记者向洛伊提出这样的问题："洛伊女士，您是不是因为自己太胖，怕丢丑才不去海滨游泳的？"

没想到洛伊却爽快地答道："是的。我怕我们的空军驾驶员在天上看见我，以为他们又发现了一个新古巴。"

所有在场的人听到后都发出了阵阵笑声，大家不自觉地鼓起掌来。

洛伊用自嘲的口吻、夸张的比喻化解了自己的尴尬，既没有被记者牵着鼻子走，又很好地活跃了招待会的气氛，同时还给大家留下了一个良好的印象，巧妙地显示出她的豁达心胸和人格魅力。

自我调侃甚至还可以用在千钧一发的时刻，帮助人们脱离危险的境地。

中秋时节，乾隆皇帝召集群臣在御花园赏月品酒，一时兴起就想与纪晓岚对集句联，以增雅兴。乾隆皇帝自恃学富五车，才高八斗，于是出上联道："玉帝行兵，风刀雨剑云旗雷鼓天为阵。”说完之后，他以必胜的姿态注视着纪晓岚，看他如何接自己的招。纪晓岚沉思须臾，语出惊人：“龙王设宴，日灯月烛山肴海酒地作盘。”

当然，纪晓岚的下联对得不但工整，气魄也甚为宏大，较之上联犹有过之。

乾隆听完纪晓岚的下联，脸上的得意之色渐渐消失。真是“伴君如伴虎”啊！纪晓岚知晓，如若自己胜了，那皇帝的脸面往哪放呀，还是赶快为自己打个圆场吧，他灵机一动，说道：“皇上您贵为天子，故风雨雷电任凭驱策、傲视天下，微臣乃酒囊饭袋，故视日月山海都在筵席之中，不过肚大贪吃而已。”乾隆听完，又露出得意之色，笑着对纪晓岚说：“爱卿饭量虽好，如非学富五车之人，实不能有此大肚。”

自嘲不仅是豁达的表现，更是自信的表现。因为，只有足够自信的人才敢拿自身的失误做文章，继而把它放大、夸张，最后又巧妙地引申发挥、自圆其说，博得众人一笑。

由此可见，必要的自嘲可以为自己加分，让自己在人际的怪圈中更加游刃有余。

05

职场混不好，多半是不会说话

职场上，99%的人际问题不是道理不通，而是沟通不畅，感觉不通。人和人之间，只要聊对了，沟通好了，感觉美了，问题不用解决，就会自动消失。

好的沟通是种高效益投资

有效的沟通取决于沟通者对议题的充分掌握，而非措辞的甜美。

——葛洛夫

一个企业的成功，基于企业中每个人的成功，也就是说，人的因素是企业成功的关键所在，企业的管理也可以说是人的管理，而管理问题归根结底又是沟通问题。所以，沟通是一个人必须具备的一项职业技能，它经常被认为是所有职业技能中最基本的。良好的沟通，可以让信息的传递畅通无阻，让领导者更加快速地做出决定，促使员工的工作效率更高。因此，有效的沟通是使公司成为一个高效、透明的优秀团队的前提条件。

在一个企业里，员工与员工之间千差万别。对于企业领导来说，成功的管理就是培养自己与员工之间的关系，善于同各种类型的员工打交道，而沟通是团队领导了解团队成员所思所想，从而采取相应解决办法的最直接有效的手段。正如美国加州参议员黛安·范斯坦所指出的："一个人的领导才能，90%都体现在他与他人的沟通能力上。"当领导者可以准确地掌握员工的语言与行为方式时，就可以利用员工的语言和他们打交道了，要知道，用贴近沟通对象语言习惯的方式与他对话，可以突破沟通障碍，减少许多不必要的麻烦。

沟通贯穿整个企业，没有沟通，领导难以发挥作用，企业无法应对市场变动，员工也不会把自己当作企业的一部分。故而，说话准确、生动、流畅，已成为衡量职业人士思维能力和表达能力的基本标准，也是考核他是否具备职业竞争能力的重要标志之一。

据美国一家研究所进行的一项专门调查显示，有80%以上的企业管理者经常发出这样的抱怨：员工语言表达能力每况愈下，这主要表现在两个方面：与同事沟通出现语言障碍，与领导沟通、向领导汇报工作时表述不清。

另一个数据也同样说明了这个问题。调查显示，65%以上的员工因为语言能力问题而迟迟得不到升迁，有的员工即使因为业务能力强而暂时得到升迁，但继续升迁却困难重重，究其原因就是语言表达能力不过关，不善于与人沟通。

诚然，每个人都会说话，但每个人说话的效果却千差万别。为什么会这样呢？原因就在于说话的能力的差异，也就是我们所说的语言表达能力的高低。说话，不仅是一种生理功能，更是一种能力。口才体现了“说得出的能力，做得到的成就”，一个人才不一定有好口才，但一个有口才的人一定是个人才。

出色的口才不但能帮你施展才华，更会让你赢得领导的赞赏。看看你身边的职场达人，哪一个不是说话高手，沟通奇才？哪一个不是在与人交谈时逻辑清晰、表达得体？正如卡耐基所断言的：“现在的成功人士80%都是靠一根舌头打天下。”他们正是依靠出众的口才而被领导赏识，上获青睐，下被爱戴。

你的口头表达能力是折射你水平的一面镜子，能否在激烈的人才角逐中脱颖而出，全看你能不能措辞准确、侃侃而谈。那些视上下级沟通为畏途，只扫门前雪的人，只能使自己的前途越来越窄。学会用嘴巴建立一张牢固的关系网，一切将不再是难题。

沟通就是要上通下达

我们沟通得很好，并非决定于我们对事情述说得很好，而是决定于我们被了解得有多好。

——葛洛夫

职场是个小江湖，同时也是一个复杂的地方。在这里，你会和各种各样的人打交道，也会碰到各种各样的麻烦和尴尬事。任何一种关系处理不好，都会对你的职场生涯带来不小的冲击和影响。而你的沟通技巧，则是处得好职场人际关系和提升工作效率的关键，也是事业取得成功的一个决定因素。因此，不管你是领导还是员工，都应该在沟通技巧上下功夫，如果能让自己的沟通做到上通下达，那么你就能在复杂的职场里游刃有余。

职场是人生的重要舞台，你的表演是否精彩、人生是否成功，都取决于沟通。为什么有的人能够平步青云？为什么你的专业技术非常好，却总是得不到重用？为什么有些被解雇者不是因为专业技能差，而是因为沟通技能差？

沟通是人生的第一工具，它在我们的工作中有着非常重要的作用：部门与部门之间的交流、讨论需要沟通；样品的制作、货物的生产，需要通过沟通来确定具体的细节要求；同事之间、上下级之间需要通过沟通来更好地开展工作；团队的配合需要沟通来上下调节……总之，在工作中，沟通可以促进事业成功。如果不重视沟通，就会给公司带来不良影响：工作难题不易解决，同事关系难以处理，生产环节连接不畅，公司难以取得快速的发展。

沟通是成功者必备的一种素质，是每一个职场人都应掌握的一门技巧。而沟通是以结果来衡量的，职场人生，要做到有效沟通必须熟知以下规律。

1. 巧妙地向你的上司“进言”

俗话说：“一句话说得让人跳，一句话说得让人笑。”同样的目的，表达方式不同，造成的后果也大不一样。如果向领导进言时不注意方式方法，恰恰又碰上一位心胸狭窄、刚愎自用的领导，即使再关心本单位的建设，脑子里装着再好的意见，那逆耳忠言也未必能够被领导接受，甚至可能因无意之间触及了领导心中的隐痛，给自己招来祸端。

对于上司向来雷厉风行的作风，同事们的非议不少，作为行政助理的刘妍想把这些情况反映给上司，劝他在管理方式上稍微柔和一点，又怕自己身为行政助理不够分量，被误会成爱传闲话的小人。

随着同事们的非议越来越多，刘妍抛开了所有顾虑，于一个下午工作的空隙，跟上司谈了自己的看法。一边喝咖啡一边阅读报告的上司先是心不在焉，接着就皱起了眉头，最后说："好了，你可以出去了，我也给你个忠告：办公室不是散布流言蜚语的地方。"

很显然，刘妍的进言非但没有受到上司的肯定，反而引起了上司对自己的不满。因此，向上司进言，要三思而后行。多思考、多揣摩上司的心意，迎合他，尽可能地给他保留面子，采用一定的方式方法进言，就会收到良好的效果。

某国企老总一向听不得不同的意见和声音，好多事情都一个人说了算。他这种独断专行的作风使企业在一些关键决策中出现了失误，蒙受了损失和重创。曾经提出正确建议的朱副厂长也被他一怒之下"发配"到一个不重要的岗位上，但有个人例外，他就是办公室主任曹军。在工作之余，常常见到曹主任与老总天南海北地“神聊”，在“不经意”间“顺便”夹带几句对当前经营问题的看法，过不了多久，老总就会在厂部会议上宣布一项重大计划。大家纷纷赞扬老总的深谋远虑，其实只有老总和曹主任心里最清楚，谁是真正的提议人，谁是真正的思想来源。这位聪明的办公室主任就是采取这种巧妙的进谏策略，潜移默化地对领导施加影响的。

其实，高明的进谏方式就是不公开表示某项计划是自己的点子，而是归功于上司。因为上司们都希望下级尊重自己，把自己看成是领导，尊重自己的权威性。如果下属考虑到他的这一心理需求，以讨教的姿态来提意见，就会让领导感到被尊重，从而减少摩擦和敌意，建立彼此的信任。

总之，上司不是上帝，也有犯错和失误的时候，此时作为下属能给予建议和提示，对领导有好处，但如何把你的建议和提议说出来必须讲究方式方法。否则仅仅因为说话的方式和技巧问题而得罪领导，甚至搞得不欢而散，就得不偿失了。

2. 巧妙地拒绝上司

成功学家说：“如果你是忠诚的，那么你就是成功的。”是的，对于一名员工来说，对企业的忠诚，就是你走向成功的通行证。但这并不意味着我们就要毫无原则地盲从。假如你的上级提出过分的要求，你还盲目地忠诚于他，你就是愚昧的人。

因此，上司委托你做某事时，你要先想一想自己是否能胜任这件事，是否不违背自己的良心，然后再做决定。

如果只是为了一时的情面，即使是无法做到的事也接受下来，那么，此后你的处境就会很难；如果自觉实在做不到，你就应明确地表明态度，这才是真正有勇气的人，否则，你就会误事。

如果上司的话有违道德，你可以断然驳斥，这才是保护自己之道。假使领导欲强迫你接受无理的难题，那么这种领导是不可靠的，你更不能接受。

尽管员工隶属于上司，但员工也有独立的人格，不能什么事都不分善恶是非地服从。部下并不是奴隶。倘若你的领导以往曾帮过你很多忙，而今他要委托你做无理或不当的事，你更应该毅然地拒绝，这对领导来说是好的，对自己也是负责的。

此外，限于能力，无论如何努力都做不到的事，也应拒绝。但是这有一个前提，即是否真的做不到，应该确定地衡量一下，切不可因怀有恐惧心而不敢接受。经过多方考虑，提出各种方案后，是否再加上勇气来突破它，都需要考虑清楚。当然如果在考虑后，认定实在无法做到，就可拒绝。

3. 与同事和谐共处

办公室中，同事之间存在着合作与竞争的矛盾，在对立和统一中彼此之间的关系变得十分微妙而复杂。同事之间在利益上竞争，在工作中合作，既不能相互冒犯，相互干预，也不能相互漠视，互相拆台，或者只顾自己，不顾他人。同事之间各有各的一摊工作，既相互独立，又相互依赖，没有人能独自成功。但在利益竞争上又表现得非常激烈，互相猜忌、嫉妒、排挤，甚至诡伤的现象司空见惯。但只要你学会在竞争中合作，对同事多理解和支持，就能与同事携手共创“双赢”的局面。

既然同事之间是一种既合作又竞争的关系，那么，千万不能把同事当“冤家”看待。对于在办公室里跟自己有竞争关系的人，不妨试着去赞美他，或请他帮一个小忙，往往可以神奇地化解彼此间的敌意。在职场上，减少一个敌人的价值胜过增加一个朋友。器量狭小、排挤同事的人，一定也会遭到其他人的排挤；把同事当作阻挡前途的障碍的人，一定在办公室里难以立足。

4. 求同存异，理解和欣赏同事

同事之间由于经历、立场、看问题的角度和方法等方面的差异，对同一个问题，往往会产生不同的看法，引起一些争论，一不小心就容易伤和气。因此，与同事有意见和分歧时，涉及原则问题时要坚持，必要的争论是不可避免的，不能随波逐流或是刻意掩盖矛盾；另外不要过分争论，别人接受一个观点也需要一个过程，况且还有爱面子的心理，所以过分争论只会激怒对方，影响团结。

因此，产生分歧时，要努力寻找共同点，争取求大同存小异。实在不能一致时，不妨冷处理，表明“我不能接受你们的观点，我保留我的意见”，让争论淡化，又不失自己的立场。

我们要学会宽容和理解，多发现同事的优点和长处，并不失时机地给别人以表扬，你的赞扬会让他得到心理上的满足，你们的关系也会更进一步加强。

不会和领导说话，还敢拼职场？

想要改变自己的人生，就必须谨慎选用字眼，因为这些字眼能使你振奋、进取和乐观。

——安东尼·罗宾斯

当下有很多电视剧，利用后宫的明争暗斗来暗喻职场的险恶，甚至将其作为宣传语为自己造势。确实，职场是一个十分复杂的地方，在这里，并不是全部由才干和能力来决定一个人的前途和方向。如果你认为勤奋苦干，做好自己的本职就能在职场上一帆风顺，就未免有些天真了。

虽然勤恳努力很重要，但会不会说话，会不会跟领导说话，会不会在适当的时刻说适当的话，让领导感觉你真的很能干，就又是一回事了，也是成功与否的决定性因素。尤其是在关键时刻，每一句话，甚至每一个字，都可能影响你的前途，改变你在职场中的位置。

常言道："会说话，当钱花。""会干的不如会说的。""干得好不如说得好。"口才可以表现出一个人的睿智和高雅，也可以暴露出一个人的愚蠢和低俗。好的口才如同好的色彩，易让领导感受到你的为人，有效发挥语言沟通的作用。

有一个在职场上流传甚广的故事，说的是，有一个领导，在公司年会的晚宴上，酒足饭饱后，问大家："你们说，世界上什么最难？"大家异口同声地回答道："世界上最难的是说话，尤其是跟领导说话。"说完，大家哄堂大笑。这可能是被杜撰出来调侃领导的故事，但它反映出的现实却无比真实，相信很多职场中人对此都深有感触。

确实，还有什么比和领导说话更难的？为此，学习如何和领导说话，就成为工作中的第一堂必修课。一个会说话的人，可以将自己所拥有的专业知识及专业能力完美地发挥出来，并能迅速地给领导留下好印象。

比如说，在接受领导安排的任务的时候，有的人心里明明很自信，但回答的时候却说："我尽力吧！"而有的人却回答得斩钉截铁："好的，您放心，我马上去办。"如果你是领导，你会更喜欢哪个下属？答案是不言自明的，因为后者的回答更能让你看到下属的态度和决心，你也更放心把事情交给这样的下属去办。之后有升职加薪的机会，你是不是就会首先想到他？可见，如果和领导说话不讲方式，没有策略，就是拿自己的前途当赌注。

由此而知，和领导说话是一门高深的学问和艺术，说什么、怎么说，什么话能说，什么话不能说，如何说领导才爱听，如何说领导肯提拔，这都是有讲究和技巧的。也就是说，有话不仅要会说，还要说得巧，说得妙。

之所以说"和领导说话是一门高深的学问和艺术"，是因为它难就难在如何看清火候、把握时机、拿捏分寸。会说话的下属不会只顾自己说得痛快，更会顾虑领导的心理感受。也就是说，要将话说好，关键还在于如何拨动领导的心弦。

那么，怎样说才能拨动领导的心弦呢？

1. 想要让领导动心，就要先让自己动情

真情是每个会说话的下属的说话秘诀。和领导说话，若想使领导动心，就必先使自己动情。如果你能够用得体的话语表达出你的真诚，领导就可能由喜欢你说的话，进而喜欢你的一切。那么，你就掌握了开启领导心灵之门的钥匙。

2. 把赞扬的话经常挂在嘴边

赞美既是尊敬领导的一种表现，也是人的一种普遍心理需要。赞美领导，会给领导以舒适感，轻松赢得领导的信任和好感，同时也会有效改善上下级关系。所以在与领导说话时，我们可以用恰如其分的赞美赢得领导的信任和好感。

3. 尖锐的批评，圆润的表达

实际工作中，不管领导嘴上讲如何喜欢批评、建议，如果你的语言尖刻，都会惹得他不高兴。因此如果你有很不错的想法或建议要告诉领导时，就需要一点策略，迂回、委婉、巧妙地表达出来，这样既可使自己的想法付诸实施，又可以得到领导的赏识。

除此之外，不该说话时要闭嘴，不该说深时要浅着来。因为有时候恰到好处的一句话，不仅能缓解矛盾、掌握主动，还能让你与领导的关系在磨合的过程中更加亲密、融洽。

4. 说正面的话

好话当然可以直接说，而不好的话，就需要换种方式正面地说，比如，明明你觉得一个方案不好，也不能直接说："这方案太差了。"而要说："这个方案还有待提高。"这里，"太差了"就是反面的语言，而"能提高"就是正面的语言，虽然二者表达的是同一个意思，但给领导的感觉截然不同。

5. 说幽默的话

会说话的人还有一个特点就是幽默。领导也喜欢有幽默感的下属，适度地开个玩笑，缓解一下气氛，能够更好地解决问题，也能拉近领导和你之间的关系。

6. 多说解决问题的办法

在工作中，不能总是向领导提出问题，却不给解决方案，因为领导用你，就是让你来解决问题，而不是让你来制造问题的。要把“这个项目资金有点不够”“这个设备有些陈旧”这样的话，改成有解决方案的话，比如，针对资金不足的问题，可以这样说：“您看我们能不能把另一个项目的资金调用到这个上面，毕竟这个项目比较紧急，或者我们再拉一些赞助。”能够把问题的解决方案说出来，让领导做选择题，而不是思考题，领导不仅会觉得你的能力很强，而且还很为公司着想。

总之，在某种程度上，我们在职场的前途是由领导决定的，能不能获得升迁或加薪最终都由他说了算。因此不管你愿不愿意，都必须学会跟领导说话。只有爱说话，会说话，说领导爱听的话，如此，你才能在职场上发展得更快。

你提方案，让领导做决定

你若不说话，不会有麻烦。你若开了口，就得有才干。

——萨迪

在工作和生活中，很多时候，我们都需要别人的建议，也需要给别人提建议。提建议的时候，要用恰当的方式，这样才更容易被领导接受，你的建议或意见也才会显得更加中肯，否则，就会招致别人的厌烦，不但不会被采纳，还会遭到打击，让人难以接受，并产生不好的影响。

比如《三国演义》中有一个“杨修之死”的故事。

杨修生性狂傲，自以为才华出众，而恃才傲物。他身为曹操的下属，却对这位上司并不恭敬，而且经常卖弄自己的小聪明；说话也毫不顾忌，常常口出狂言；做事也不遵循曹操的意思，而是自作主张，这些都令曹操十分恼火，最后终于以“前后漏泄言教，交关诸侯”的借口处死了杨修。

其实，在职场中，确实有一些下属的业务素质是很高的，甚至超过上司。但是，过于出众的才华往往也会招致上司的忌惮。那些因威胁到上司而遭受压抑的情况屡见不鲜。所以，在对上司提建议的时候，一定不能过于直接，而要讲究一定的方式。中国人在这方面还是很有经验的，也留下了许多经典的案例，像春秋战国时期，就有《邹忌讽齐王纳谏》《触龙说赵太后》等等，都使自己的意见成功地被上级采纳。那么作为下级，在与领导意见不一致的时候，怎样才能使他既能够接受你的建议又不对你产生不好的印象呢？

须知，在提建议的时候，“委婉”的说话方式非常重要。当然，也有一些强力相谏的人，这些人往往令上司无比头疼，原因就是他们提出建议的方式不对。

如果一上来就直接否定上司的意见，肯定在情绪上就首先让上司不太高兴了，那么即使你之后的意见很有道理，也会让他不太高兴，进而产生抵制心理，你的意见也就不能顺利地传达了。

所以在提意见的时候，一定不能表达得过于直白，而应该旁敲侧击，先从赞扬入手。比如先找出上司意见中你比较认同的某处，加以大力肯定，让气氛有所缓和，然后再提出相反的意见，这样即使谈不成，双方也不会很难堪。而如果你的意见正确，更加容易被接纳了。因为你的谈话一旦触及上司意见的内容，就已引起上司的注意，比如："经理在产品质量方面是行家里手，这一点是毋庸置疑的。不过我们希望补充一点……"后面提出建议，对自己的建议要有充分的论据支撑，通过说明指出你建议的合理之处，并让上司觉得你的建议更加切实可行。

在充分尊重对方的情况下，如果你的建议又相当合理，当然会更加容易被上司所接纳。

但是，无论在职场中还是生活中，永远不要恃才放旷，尤其在上司面前，不要卖弄小聪明，即使你的建议很合理，也要在谦虚的请教语气中传递出来。比如，在职代会上关于一个方案的讨论，如果总是以"我认为应该……"开头，就不太好让人接受，而如果说"经过多方面考虑，这个方案整体不错，但也有不太理想的地方，大家可以共同商量一下……"这样一方面使你的建议显得更可靠，另一方面也让大家觉得你很慎重。

不管你的上司多么开明或者平易近人，在提建议的时候，你都要谨慎，古语说，小心驶得万年船，谦虚的态度到哪里都是受欢迎的。

你不可不知的办公室聊天雷区

聪明是智慧者的天敌。傻瓜用嘴讲话，聪明的人用脑袋讲话，智慧的人用心讲话。所以永远记住，不要把自己当成很聪明的人，很聪明的人相信总有别人比自己更聪明。

——马云

办公室除了办公之外，它也是一个充满利益冲突的是非之地，有很多话题在办公室里是不能触碰的，否则，就可能因为一句口无遮拦的话，付出不必要的代价。所以，弄清楚办公室的语言雷区，对职场发展前途至关重要。

下面就来具体说说，办公室里的聊天到底有哪些雷区是不能逾越的。

1. 谈什么不谈领导的软肋，丢什么不丢领导的面子

传说中，龙本温顺，身体大部分部位都可被人触摸，唯独咽喉下方一处长有几片“逆鳞”的部位——全身仅有该部位的鳞是逆向生长的，谁一旦触摸这个部位，就会将龙激怒，被龙所吞噬。

该“逆鳞”通常被人们用来比喻“龙之子”，即古代君王性情中的敏感部位，将之用来形容领导的“软肋”其实也不为过。常言道：“伴君如伴虎。”在职场上，领导即是你的“君王”，要想职业生涯畅通无阻，就必须时刻留意领导身上的“逆鳞”，或者说软肋。每个人都有软肋，没有人乐意别人对此指指点点，领导自然也不例外。只有不触及领导的“逆鳞”，或者说软肋，才能与领导保持融洽的关系。

2. 不对同事评头论足，不谈论自己或同事与领导的隐私

当今的社交规则中有一条“真理”，那就是“言及莫论人非”，而职场的潜规则，更是将其深入为“言及莫论人”——不仅不能说同事与领导的是非，甚至不能对他们评头论足。

喜欢对同事评头论足，这是不成熟的表现，因为每个人都有自己的原则，对别人指手画脚会招来同事的厌烦，搬弄是非、胡说八道更不可取，这样的行为不仅不利于团结，而且会严重影响工作的顺利进行。

隐私同样是办公室聊天中的一个十分危险的雷区，与同事关系再好，也不要因为一时痛快而在办公室里拿自己的私事作为谈资。这些有可能损害你的形象，也会成为别人利用你的把柄。除此之外，打听别人的私事或议论公司里的是非长短也是不可取的。不但不能刻意打听领导与同事的隐私，当我们在无意间发现他们的隐私时，也要将其埋藏在心里，即使被人问起，也要佯装不知。顾全大局的人，更容易获得领导赏识与同事的喜爱。

3. 忌谈薪资

现在有很多公司都实行薪资不公开制度，在发薪资的时候，HR会采取单线联系。一般来说，都是多劳多得，少劳少得。因此每名员工的薪水都存在很大的差别，当然也有个别同工不同酬的现象。这是很多公司领导的常用手法，用好了就是奖优罚劣的一大法宝；用得不好，就容易引发员工之间的矛盾，这当然不是老板愿意看到的。

因此，薪资是一个很敏感的话题，对喜欢打听别人薪资的人，无论是同事还是领导都是比较反感的。无论你是被问还是问别人，都不会有好的结果。如果被领导知道了，对任何一方都不会有好的看法，所以，你的薪资高低，你受到的待遇怎样，在办公室里都不要谈。如果遇到向你打听薪水的同事，要尽量避开这个话题。如果对方穷追不舍，非要刨根问底，那你可以直接拒绝，不要顾及对方的感受。

有的人打探别人薪水时，喜欢先亮出自己的薪资，比如说："我这个月工资发了7000，奖金发了5000，你呢？"你如果告诉他了，一般会出现两种结果：一种是他的收入比你多，他可能会假装同情，心里却暗自得意；另一种就是他发的没你多，心理就会失去平衡，表面上可能是一脸羡慕，心里想的却是："凭什么呀？我们干着同样的工作，他的能力还不如我呢？"大家想想，这样是不是就在无形中给自己和老板埋了一颗地雷，制造了矛盾？所以老板对打听薪水的人总是有着格外防备。

4. 不说富有野心的话

正所谓"不想做将军的士兵不是好士兵"，野心人人都有，但是位子有限。你公开自己的进取心，就等于公开向公司里的同仁挑战。僧多粥少，树大招风，何苦被人处处提防，被同事或领导看成威胁。雄心壮志，是做出来的，而不是说出来的。如果有志向，那就脚踏实地地去做好了。在该表现时表现，不该表现时就算韬光养晦一点也没什么不好。做人要低姿态一点，坚韧和低调是你获得成功所必需的品质，这也是自我保护的好方法。

5. 家庭财产要保密

即使是随性的闲谈，也不要过多地涉及自己的家庭或者财产。这些敏感问题的讨论对自己都是不利的。过多地讨论自己的幸福往往有炫耀的嫌疑，而总是表现自己的不幸则让大家都不开心。家庭财产的公示，则招人耳目，给自己埋下隐患。因此，幸福的话，要心存感激；不幸的话，要反思原因，并争取尽早渡过难关。不要把一切都挂在嘴上。该说的说，不该说的就少说或者不说。

不是你不坦率，坦率是要分人和分事的，从来就没有不分原则的坦率，什么该说什么不该说，心里必须有谱。就算你刚刚买了别墅或利用假期去欧洲玩了一趟，也没必要拿到办公室来炫耀，不然，你很容易就会把自己放在同事的对立面上。

6. 嘲笑领导的话千万别说出口

有些下属喜欢嘲笑领导的能力，有些人甚至会嘲笑领导的过去、领导的作风以及领导的长相等。殊不知，每个人都有尊严，谁都不喜欢别人嘲笑自己。因别人的不足或者过失而嘲笑对方，并不会显得自己有多高明，反而会暴露你修养中的不足。而作为公司的领导，职位比下属高，权力也更大，因此他会比别人更加注重面子。

要知道，领导能够做到今天的位置上，自然有他值得学习的地方，可能是领导管理能力比较强，可能是领导技能比较高，也可能是他能掌握客户需求，沟通能力比较强，等等。要学会用欣赏的眼光看老板，虚心向他们学习，学习他们的长处，而不是对他们的不足加以嘲笑，总以挑剔的态度看待他们的一切。总之，要想跟领导打好关系，就一定要时刻铭记不能嘲笑领导。

同事不是为了相处，而是为了合作

沟通，首先是面对自己，如果你连自己都沟通不良，那么怎能奢谈和陌生人沟通？

——雷蒙·A. 施莱辛斯基

身在职场，我们必须面对复杂的人际关系网络，同事之间既互相依赖又互相竞争。在既矛盾又统一的合作背景下，与同事沟通，就必须开诚布公、相互尊重，同时要注意沟通技巧，选择合适的方式，使大家和睦相处，和谐共事。

1. 公事公办

同事之间不管走得多近，都不能把私交和工作上的事情混在一起，如果处理不好，既可能耽误工作，又会影响彼此的关系，使双方陷入十分尴尬的境地。在涉及公事的问题上，最好能够做到公事公办。常言道："亲兄弟，明算账。"只有公私分明，才能够既不耽误公事，又能使同事之间的友谊更长久。

2. 对事不对人

同事之间不是为了相处，而是为了合作，所以彼此交流最多的是工作。与同事讨论工作的原则是：对事不对人，要用无可辩驳的事实从容镇定地说服对方。为了工作，有争议也很正常，不过要注意，别把"争议"演变成"争吵"。因为这不但不能解决问题，反而会使我们成为办公室里的"刺猬"。面对争议，以柔克刚是聪明人的做法，这样既不会伤和气，又能达到共同的目的。失去理智的吵闹，甚至用言语攻击对方的做法是缺乏修养的表现。

3. 得饶人处且饶人

一个公司要想有和谐与融洽的气氛，人与人之间的包容是必不可少的。所谓退一步海阔天空，宽容确实是人际交往中必不可少的美德。对于冒犯你、给你造成困扰的同事，或者是当与某个同事产生什么矛盾时，切记"得饶人处且饶人"，凡事能够忍让一点就忍让一点，能少说一句就少说一句，这样日后你有了差错，他们也不会做得太过分，甚至会在你面对绝境的时候帮你一把。

如果一个平日里喜眉笑目、跟你十分投契的同事，有一天你发现他竟然在背后四处散播你的不是和缺点，这时应该怎么办？你可能会痛心地想：要不跟他一刀两断吧！然而，大家同行共事，你的这种态度如果太过突然，就一定会被放大，给对方一种是你主动跟他反目成仇的感觉，你们之间的关系出现问题必然是你的原因。更何况，你们还有可能会合作，领导一定不喜欢看到下属因私事交恶而影响工作。所以，这种处理方式无形中就会给对方一个伤害你的借口，显然是不明智的。在这种情况下，应该冷静地面对，不说过火的话，这才是对你有利的处理方式。

4. 是朋友，也要明确同事关系

在工作中，由于一些利益纠纷，同事之间的情谊往往不会那么纯粹。面临各种各样的挑战，必须有端正的心态，并对自己的情绪有所克制。比如在工作上有时候会分工不均，你们职级相同，但却有着不同的工作量。这个时候就算心情再焦躁，也要克制，切勿因为分工不均就向同事发脾气，首先这会显得你没有吃苦耐劳的精神，其次因为你们日后还要长时间合作、相处，许多事如果伤了和气就不能顺利进行了。

5. 管好自己的嘴

同事们经常在一起，免不了会有闲言碎语。这些流言蜚语在我们的生活中很常见，而且往往很有杀伤力。人们常说的人言可畏，就是这个道理。说者无意，听者有心。有时，你一不小心就可能因为某句话得罪了别人；有时，你也可能成为别人中伤的对象。

“谁人背后无人说，谁人背后不说人。”我们大多数人都多多少少曾在背后说过别人的是非，是好是坏无从考证。但是，无论好坏，有一点是确定的，经常在背后说别人坏话的人，肯定不是受欢迎的人。

凡是有点头脑的人，都会自然而然地这么想：这次你在我面前说别人的坏话，下次你就有可能在别人面前说我的坏话。这样一来，你给别人的印象就不可能好到哪里去。

倘若遇到别人在你面前说另一个人坏话的情况，对此，你得端正态度，用辩证的思维去考虑这种情况，把握好应对的分寸。

诚然，办公室也会有些尖酸刻薄之人。遇到这种人，也不要硬碰硬，而是要巧妙地运用智慧，不动声色地予以反击，这更能体现你的修养和气度。

6. 巧妙化解与同事之间的误会

同事相处难免会产生误会，巧妙地化解这些摩擦，也是一项重要的本领。和同事产生误会后，首先要做的不是为自己辩解，而是真诚地向对方表明心迹，找到问题的症结，及时解决。在摩擦的端口上，每个人都会有抵触情绪，这时解释往往越描越黑，只会起到反作用，在必要的时候可以请别人帮忙调和。

同事间的误会，很多是一时的口无遮拦引起的。因此，与同事相处，首先要注意自身的言行，避免因为口误造成不愉快。如果不小心伤害了对方，一定要及时纠正，避免让对方难堪，以致产生隔阂。

中国是一个幅员辽阔、民族众多的国家。每个地方、每个民族都有自己不同的方言、习俗。而规模较大的公司，一定会有来自不同地方的同事，有时适合自己的语言，并不适合你的同事，甚至会让对方觉得是一种侮辱。

小夏来自西北某地区，而他的同事小秦则是北京人。在一次闲聊的时候，两人正谈得起劲，小夏因为想提醒小秦剪头发，便对小秦说道："你该理一理头上的毛了。"

不料小秦听后以为小夏在侮辱他，便勃然大怒，最终两人不欢而散。

实际上，"毛"字在西北只是头发的意思，而"毛"在北京却是一种骂人的话，像"杂毛""黄毛"都是贬义词，因此小秦在听到"毛"字后就勃然大怒了。

因此，在与同事打交道的过程中，即使特别亲密，也要留心彼此的忌讳。其实只要在同事中显出你具有良好的品质，并且注意使用谦和淡雅的语气，沟通就是一件很轻松的事情。

说得升职加薪口才高

当你思考准备说什么的时候，就做出一副彬彬有礼的样子，因为这样可以赢得时间。

——卡罗尔

不管人们出来工作是为了什么，获取薪水是最基本的目的，但并不是所有人都能够得到与他们能力和对公司做出的贡献相当的薪水和职位。这其中有社会背景、企业现状、老板的性格等多方面的原因。但最主要的还是因为人们缺乏主动向老板提出升职加薪的勇气，并且也不知道该如何向老板开口，就算开了口，也不知道该如何说服老板给自己加薪。毕竟，加薪是从老板的口袋里往外掏钱，并不是一件容易的事。

如果你下定决心想要去和老板谈加薪的问题，首先你得确定你对公司所做的贡献是否值得老板支付给你更多的薪水，也就是你给公司带来的实际收益是不是大大地超出你目前的薪酬，因为只有你为公司创造的效益远远超出公司付给你的工资，才有资格跟老板谈升职加薪，也才有可能获得老板的同意。与此同时，也要做好遭到拒绝的心理准备，因为无论怎样的老板，给员工加薪都会经过再三的考虑，没有哪一个老板在某一个员工提出加薪的要求时会开心。

不过，就算被老板以种种原因委婉拒绝，也不要气馁，更不要影响日常工作，因为加薪是你的事情，不是老板的事情。如果你想获得更多的薪酬，而老板不能满足你，你可以跳槽，寻找更好的平台，但不要和老板生气，消极怠工，如果这样，不仅可能会失去今后升职加薪的机会，而且还会损害你的形象和信誉。事实上，如果你做出的贡献老板都看在眼里，也确实与你的收入不对等，只要不是特别吝啬的老板，都会适当调整你的薪水的。

如果你已经打定主意，做好准备，接下来就可以跟老板谈了。比较好的方法是先向老板做一个述职报告，总结一下在职期间你为公司做出的贡献，然后巧妙地向老板提出加薪的请求。比如，你可以和老板这样说："老板，转眼间，我来公司已经几年了，在这里干了这么久，对公司也有很深的感情。但因为我的收支一直不平衡，导致我的财务出现危机，一时不知该怎么处理，所以来跟您聊聊。您看，有没有什么办法，可以让我为公司多做一些贡献，以此获得更高一点的待遇，以便我能够顺利渡过这个难关。如果公司一时之间真的有困难，而另一家公司可以给我更好的待遇，以解决我的财务危机，那么我恐怕只好跳到那家公司去了。将来如果公司的财务问题解决了，公司也愿意，我还是希望能回来，再次为公司效力。”

老员工对待遇不满，想要跳槽，老板就要权衡利弊。加薪无疑会提高公司运营的成本，但是加薪之后，员工的工作积极性也会有所提高，这对公司是有益处的；如果放任老员工跳槽，那么还要重新花费不少时间和精力培养新人，更加得不偿失。如此权衡再三，老板就会做出决定了。

马先生在一家民营公司工作三年了，在这三年中，马先生业绩突出，表现出了很强的工作能力，半年前，还当上了办公室主任。可是他越来越发现老板李总太过精明，自己当上办公室主任半年了，做的事情是越来越多，工资竟然没有涨一分。更令他想不开的是，身为一个部门的主任，赚得还不如自己做销售的女朋友多。一时间，心理极其不平衡，想着，跟这样的老板干，既挣不了大钱，也干不成大事，于是产生了跳槽的想法。

向老板提交辞职报告的次日，李总把马先生叫到自己的办公室，想要挽留他："小马，为什么忽然要辞职?"马先生回答说："近期发生的一些事情，让我感慨颇多，人生只能活一次，我想趁年轻，实现当初的梦想。"李总问："在我这里实现不了梦想吗？"马先生回答："也不是不可以。首先，请您考虑给我加薪，每月不能低于10000元。当然，如果能把我派到您的一个下属企业去也行。"李总考虑了下，说："噢，不是我想亏待你，小马，你想想，如果给你一个人涨了工资，开了先河，其他人都要求加薪，我能摆得平吗？业务部的小张、财务部的老王，不是比你资历深，就是比你年岁大。"马先生反驳道："李总，这我可有点不明白了。咱们是民营企业，不是国企，为什么要沿袭国企那些条条框框，论资排辈，讲学历看年龄呢？既然您坚持那种陈腐的用人机制，那我也只能另谋出路啦！有一家公司已经给我开出了合适的价格，只要我愿意，随时可以过去。人往高处走，我相信您能理解。"

李总说："我佩服你这股子闯劲儿，我能取得今天的成就，一路也是这么闯出来的，既然是想实现自己的人生价值，那你可以告诉我，你需要怎样的一条出路呢？"马先生见机回答道："只要是富于挑战性的都行。比如，不久前兼并的印刷厂不是正等着调整结构吗？"李总一听来了兴趣，说道：“噢，你想在那儿开辟战场？那好，你去干吧！我让你当厂长，给你100万启动资金，年薪20万加绩效奖金，你看行不行？”“行！”马先生也兴奋起来，接着问道，“那我应当承担什么样的责任呢？”李总几乎是不假思索地答道：“要求不高，到年底你能归还这笔启动资金的利息就行，毕竟你还得养活那上百号人呢！”

就这样，马先生得到了一个施展抱负的好机会。

马先生原本只是想让老板为自己加薪，却意外获得了厂长一职，为什么得到了这样的意外收获？原因在于马先生一方面利用了李总对自己梦想的共鸣且愿意“蓄水养鱼”的心理，一方面又不失时机地抛出辞职之砖以引出实现梦想的出路之玉，从而在这场加薪谈判中达到了自己的目的，成为公司不久前兼并的下属印刷厂的厂长。而对于李总而言，他从马先生身上看到了自己的影子，被他身上的这股闯劲所打动，决定让马先生去做厂长，不仅未感到自己受了损失，反而认为自己得到了一个解决包袱的机会。

由此可见，加薪不见得一定要增加基本工资，像马先生取得的谈判成果，就远比简单的加薪有意义得多。此外分红、股票、福利待遇等等都是加薪的有效途径。

06

社交高手只不过是会说话

会说话的人，一开口就让人喜欢。所谓会说话，就是说话让人舒服，让人觉得自己是值得信任的，是可以真诚沟通的，这就是成为社交高手的秘诀。

让赞美成为说话的习惯

赞扬，像黄金钻石，只因稀少而有价值。

——约翰逊

喜欢听好话，希望得到别人的赞美，是人类的天性和自尊心使然。正如心理学家威廉·詹姆斯所说：“人性最深层的需要就是渴望被别人赞美、钦佩和尊重。”的确，人类除了一些基本需要之外，还有一种对于自尊、自重感的内心“饥饿”。谁能诚挚地满足这种心理需求，谁就可以在人际关系之中，享受到冲破藩篱的心灵往来。

俗话说：“良言一句胜过三冬送暖。”没有任何人会拒绝别人真诚的赞美。当来自社会、他人的赞美使其自尊心、荣誉感得到满足时，人们便会情不自禁地感到愉悦和鼓舞，并对说其好话者产生亲切感，这时彼此之间的心灵就会因赞美而缩短距离，自然就为交际的成功创造了必要的条件。

赞美，可以说是人与人之间的沟通最为有效的“润滑剂”。如果能适当地抬高他人，多多赞美他人，就能产生曲径通幽的效果，瞬间拉近自己与他人之间的距离，让“你和我”变成“我们”，从而让我们与外界的沟通之道变得简单而通畅，愉快而平坦。

经常到政府机关去办事的人都知道，以前有些政府机关办事效率非常低。可能是因为每天办理的事情太多了，那些业务员总是一副不耐烦的样子，办一件事往往要跑好几趟才能成功。

有一次，一位研究成功学的专家到一家政府机关去办事。接待他的是一位年轻的小伙子。在办事之前，成功学家先问道：“先生，你在这里做多久了？”

“4年了。”小伙子连头都没有抬，轻描淡写地回了成功学家一句，出于好奇，他随口问成功学家，“怎么？有什么问题吗？”

“是吗？难怪呢！”成功学家有些吃惊地说道。

“怎么了？”小伙子向成功学家翻了一个白眼，很疑惑地看着成功学家。

“我经常来这里，但是没见过你。”成功学家说，“不过今天我在这里有个重大发现，我发现在这个机关里，你是从头到尾最卖力的一个人。”

其实，这并不算是成功学家最大的发现。这位成功学家最大的发现是在他说完这句话以后，那个小伙子的眼神立马明亮起来，整个人精神倍增，立刻接手办理成功学家的事情。

成功学家趁机又赞美道：“你对工作真热情，我真希望每次来办事都能遇到你。”

小伙子很快就给成功学家办完了所有手续。依照往常的经验，那些手续最少要跑两次才能办完，然而那天只用了两分钟。

这位成功学家不愧是研究成功学的专家，他深谙赞美之道，懂得赞美的力量，一句“你是从头到尾最卖力的一个人”，顿时让小伙子对他有了莫名的好感。而正是这种好感，让这位成功学家得到优待，高效率地办完了所有的手续。

赞美的作用，就是把他人需要的荣誉感和成就感，恰如其分地奉送上去。当对方的行为得到我们真心实意地赞许时，他渴望赞许的心理需求便得到了满足，从而在精神上得到了鼓舞，就会更有力地发挥自身的主观能动性。

赞美别人，仿佛是举起一支火炬，照亮别人的同时也照亮了自己。它表达的是我们的一片善心和好意，传递的是信任和情感，化解的是有意无意间与人形成的隔阂和摩擦。它让彼此远离的个体更加贴近，让彼此隔阂的心墙破冰融合。可以说，它在人际关系中起着四两拨千斤的作用，能够以最简单的方式获得不可估量的效果。

任何人、任何事情都有可以赞美之处，只要我们善于观察，就能发现他们的亮点。不过，赞美虽好，如果不实事求是、措辞恰当、真心诚意，就会适得其反。所以，赞美也要讲究方法和技巧。

1. 赞美要发自内心的真诚

人的语言是精神的流露，如果不是发自内心的赞美，在情绪和表情上就可能会露出马脚，让人觉察出来，进而怀疑你的真诚。

所以，赞美要切实发自内心，情真意切，要面带微笑，正视对方，眼神要有交流。就算赞美的话语不够精彩漂亮，你的真诚也早已经打动了对方的心，而没有人会拒绝一颗真诚的心。

2. 赞美越具体效果越好

实践证明，赞美时若能指出具体细节上的优点，对方感受到的赞美就越真诚可信。当一个人能力很出众时，如果笼统地说“做得好”，对方感觉可能一般；如果具体一点说“昨天你的发言非常好，很有远见”，效果就要好得多。

3. 赞美要及时而又适度

有研究证明，赞美出现得越早，产生的力量越大。反之，赞美出现得越晚，力量越小，有时甚至丝毫不起作用。所以，对别人的赞美最好当场、当时表达，及时强化，以免错过时机，使对方产生被漠视、被嫉妒的感觉。同时，赞美也不能空穴来风、过于浮夸，越中肯越好。

例如，名片是一个人成功与否的写照，当接过别人递过来的名片时，要及时给予合适的夸赞：通过查看公司，可以赞美其公司的高规格；通过看名字，可以赞美其名字起得有文化、有内涵；名片上职务印得多，则可以赞美其被公司器重等。

总之，赞美别人一定要讲究方式方法，并不是所有的赞美都能让人产生好感。除了要讲究具体、及时、诚恳的原则，还要懂得将赞美贯穿始终，随时赞美，多些赞美，才能更好地彰显你对别人的真诚和关注度，增添你的魅力，获得对方的好感。

如果你善于赞扬他人，你会渐渐发现大家都会尽自己最大的努力来帮助你，这样，你的人缘就会越来越好，机遇的大门也终究会向你敞开。

再亲密的关系也要分彼此

人就像寒冬里的刺猬，互相靠得太近，会觉得刺痛；彼此离得太远，却又会感觉寒冷。人是必须保持适当的距离过活的。

——叔本华

有心理学家做过这样一个实验。

当一间大阅览室里面只有一位读者时，心理学家进去拿了一把椅子坐在他的旁边。这个试验进行了整整80人次，结果证明，在这种情况下，没有一个被试者能够忍受一个陌生人紧挨着自己坐下。

在人与人交流的过程中，因为彼此之间的情感、亲疏有别，当必须要近距离接触时我们也会不自觉地保持一定的距离。假如一方企图向对方接近，另一方必定会下意识地后退，以达到维持距离的目的。你可以据此作出判断——你身边的人与你关系如何，对你是否亲近和信任。

打电话时的肢体语言包含着最为丰富的信息，声音越讲越小，对方可能是上级或者长辈；声音越讲越大，对方可能是下级或者晚辈；举着电话越走越远，对方可能是情人。如果你遇到有人在接电话时下意识地背过身去的情况，就可以考虑回避了，这种肢体语言传递的信号是不想让你听见他说的话。打电话时的肢体语言能让旁人分辨出电话那边的人与打电话的人的关系。

过于亲近可能会引发最亲密的关系，也可能会带来强烈的反感。因此，在人际交往中，我们还需要注意与人保持适当的距离。

许多人觉得，只要不是陌生人，我们就可以以一种较为亲近的姿态相处；还有一些人觉得，不论亲疏如何，我们都应该与别人保持一些距离，但其实，这些都不是最佳的相处方式。

人与人相处，如何保持互相之间的距离，是一种交际艺术。太过亲密，则太随便，给人一种你缺乏独立生活的能力，会认为你不够独立，是“应声虫”，无论什么事你都需要别人替你考虑，时间久了，就会认为你没有独立的人格与尊严；太过疏远，则太傲慢，远离人群毫无益处，因为这会给人一种你瞧不起别人，不喜欢与他们相处，甚至讨厌他们的感觉。

有这样一个结论：男性之间一般都比较疏远，女性之间则喜欢保持亲密关系，有爱慕之意的异性关系相对密切一些，没有的则较为疏远。性格孤僻的人多习惯与人保持距离，性格外向的人则较为愿意与人亲密。地位高的人倾向于与人保持较为疏远的关系，同等地位低的人则关系较为亲密。

只有保持适当的距离的人际关系，才会走得长远，在人际交往中，我们也应时刻注意这个问题。与他人保持适当距离，真诚而不互相侵犯，情谊才会更加长久。

我们每个人都生活在一个无形的空间范围内，作为非语言沟通方式中的一种，空间距离可以显示人与人之间关系的不同，距离可以为我们提供自由感、安全感和控制感。

在人际交往中，无故侵犯另一个人的空间范围圈，会引起对方的厌烦、不安，甚至是恼怒等情绪。

一般而言，双方在交往中的人际关系，及其所处的环境，决定着彼此的空间范围。心理学家曾将人际交往中的距离划为四种。

1. 亲密距离

其范围分为两种：一种为15厘米以内，通常伴随着肌肤相触，耳鬓厮磨，是一种能相互感受到对方的体温、气味和气息的距离；另一种距离稍远，范围为15~45厘米，通常表现为挽臂执手，或促膝谈心，体现出的关系仍旧是亲密友好的。这种距离属于私下情绪，仅适用于情感联系高度密切的人。这种距离对外界环境的要求比较高，如果是两个异性，在大庭广众之下如此贴近，就显得不太雅观了。这种距离在同性别的人之间也有，会表现出这种特征表明双方是十分熟识的朋友，可以不拘小节，无话不谈。

2. 个人距离

其近范围为46~75厘米，这个距离刚好够彼此亲切握手，友好交谈；其远范围为76~122厘米，这个空间允许任何朋友和熟人自由地进入，也不会因为陌生人的进入而感到被侵犯。这种距离通常适用于非正式交往的社交情境，熟人之间保持这种社交距离很正常，但是不要用在正式的社交场合。

3. 社交距离

其近范围为1.2~2.1米，人们一般会在工作环境和社交聚会上保持这种程度的距离；其远范围为2.1~3.7米，这种距离表现的交往关系更加正式。这种距离超出了亲密或熟人的人际关系，是一种社交性较强的正式关系。举个例子，一般公司的经理们会习惯使用一个大而宽阔的办公桌，然后在与办公桌有段距离的地方放置来访者的座位，以与对方保持一定的距离。社交性的交际关系没有直接的身体接触，因此需要更多的目光接触，交谈时也应适当提高音量。在这种状况下，双方谈话如果没有目光接触做支持，那么说话的一方就会有强烈的被忽视、被拒绝的感受。

4. 公众距离

其近范围为3.7~7.6米，远范围在7.6米之外，人们完全可以对处于这个空间的其他人视而不见，因为相互之间并没有什么必要发生一定联系。这种距离一般是公开演讲时演说者与听众所保持的距离。

在现实生活中，社交距离的范围并非是固定不变的，随着所处环境的规范和个人生活习惯的改变，人与人在种族、年龄、个性、文化、性别、地位以及心理素质等方面的更替，社交距离势必会产生不同的情况。

如何让友谊天长地久

把对方看在眼里，放在心里。交谈时不时地望着对方，带一点点观察，让对方充分感觉到，他在你眼中的存在。让对方觉得被重视。

——蔡康永

与朋友相处，很多人会有这样的想法：认为朋友之间无须什么繁文缛节，想怎么来就怎么来，想说什么就说什么。其实，再亲密的朋友，也不能过于随便，如果随便过了头，就会引起对方的不快，导致关系疏远，友谊淡化甚至恶化。

正确地与朋友沟通，是加深友谊的途径。友谊是牢固的，也是脆弱的，经不起太多的风雨，需要你精心地呵护。要想与朋友保持牢固的友谊，千万不要跳入沟通的禁区，触犯与朋友沟通的禁忌。

那么在与朋友相交时我们应该避免哪些雷区，从而使朋友间保持长久的友谊呢？

1. 锋芒毕露，显示优越感

也许你的才学、相貌、家庭、前途等等令人羡慕，高出你朋友一头，但是如果你不分场合，尤其与朋友在一起时，大露锋芒，言谈之中流露出优越感，就会使朋友感到你在居高临下对他说话，他的自尊心受到挫伤，会产生敬而远之的念头。所以，在与朋友交往时，要态度谦逊，虚怀若谷，把自己放在平等的位置，时时注意对方的存在。

2. 不分彼此，违背契约

朋友之间最不注意的是对朋友的物品处理不慎，常以为“朋友间何分彼此”，对朋友之物，不经许可便擅自拿用，不加爱惜，有时迟还或不还，一次两次碍于情面，不好意思指责，久而久之会使朋友认为你过于放肆，产生防范心理。所以你应该注重礼尚往来的规矩，要把珍重朋友之物看作和珍重友情一样重要。

3. 乘人不备，强行索求

你事先不做通知，临时登门提出所求，或不顾朋友是否情愿，强行拉他与你同去参加某项活动，这都会使朋友感到左右为难。他如果已有活动安排，不便改变，就更难堪。若答应则打乱自己的计划，若拒绝又在情面上过意不去。他心中肯定会认为你太霸道，不讲道理。所以，你对朋友有求时，必须事先告知，采取商量口吻，要记住：己所不欲，勿施于人。

4. 不知时务，反应迟缓

当你上朋友家拜访时，若遇上朋友正在读书学习，或正在接待客人，或正和恋人相会，或准备外出等，你不顾时间、场合，不看朋友脸色，一坐半天，夸夸其谈，不管人家早已如坐针毡，极不耐烦，朋友一定会认为你太没有教养，不知时务，以后就会想方设法躲避你，害怕你再打扰他的私生活。此时，你一定要反应迅速，稍稍寒暄几句就知趣告辞。

5. 用语尖刻，乱寻开心

假如你在大庭广众前，为显示自己博学多才，或为逗人一乐，或为表示与朋友之“亲密”，乱用尖刻词语，挖苦、嘲笑、讽刺朋友，大出其洋相以博人大笑，获取一时之快意，竟不知会大伤和气，使朋友感到人格受辱，认为你变得如此可恨可恶，后悔误交了你。所以，与朋友相处，尤其在众人面前，应亲切相待，互尊互敬互慕，切勿乱开玩笑，用恶语伤人。

6. 喜欢争论，动辄急躁

两个人想法不一样，是很正常的，即使是再好的朋友，为人处世也会有差别，有争论不稀奇，但与朋友争论不宜急躁。急躁是伤害感情的暗箭，很可能赢得了一场辩论，却输掉了一个朋友。

7. 口无遮拦，曝友秘密

好朋友之间会聊些涉及个人秘密的话题，寻求帮助和安慰，这是一种信任，但切忌把朋友的秘密当众曝光，那样不仅仅会让朋友难堪，也是背弃了朋友的信任，以后谁还敢和你真心做朋友？

8. 过于小气，斤斤计较

如果你在和朋友的交往中，不出分文，唯恐吃亏；对朋友所馈慨然而受，自己却一毛不拔，这会使朋友感到你视财如命，是个悭吝之人。所以朋友之交，过于抠门则显得悭吝小气，而慷慨大方则显得豪爽大度，会使友情牢固。

口才出众让你充满磁力

一个人的成功，15%靠技术知识，85%靠口才艺术。

——戴尔·卡耐基

人与人之间的沟通最重要的手段是通过说话来完成的，会说话的人能吸引对方，得到继续交往的通行证。受到欢迎不仅可以满足我们的交往需求，更重要的是能改变僵持的局面，改变别人的心情，让自己的身上充满磁力。

会说话的人不仅能侃侃而谈，而且能使对方听得津津有味；不会说话的人虽然滔滔不绝，却令其他人感觉索然无味。和会说话的人交流，是智慧的碰撞；和不会说话的人交谈，是心灵的煎熬。会说话，可以让你在商战中轻松取胜。会说话，更让你独具魅力。当然，一个人会不会说话，并不是看他能否像播音员那样字正腔圆，也不是看他能否口若悬河，说话的根本目的在于表达和沟通，只要说的话对方能听懂，并且愿意考虑与接受，这就是“会说话”。

李云因做“错”了一件事而被敌人抓入牢狱，敌人为了杀杀李云的“威风”，竟然把一个江洋大盗与他关在同一个牢房里。此人曾在旧军队里当过排长，自视甚高，从来没有害怕过生死，在监狱里是个蛮横霸道的人，自称“李排长”。

这天，李排长一进门，便把手一拱，傲慢地对李云说：“听看牢房的人说你非常厉害，说要兄弟俺来给你做个伴。俗话说：‘一山不容二虎。’你说我们俩到底该怎样相处？”

李云看了一眼凶神恶煞的李排长，并没有因此而“发威”，而是微微一笑，自谦地说道：“哪里，哪里，坐牢之人怎敢称老虎呢？顶多是一头笨牛而已。”

李排长听到李云说自己顶多是一头笨牛，心里顿时放松了许多，口气也软了下来，说：“你过谦了，过谦了，你不是虎，他们能那么害怕你？”

“不，不，”李云摇着头说，“你是老虎，还是让我做头牛吧！”

李排长疑惑地说：“你们军人都是好样的，听朋友说打仗冲锋陷阵，个个都像是刚从山上下来的猛虎，你怎么会是一头‘笨牛’呢？”

李云解释说：“对于敌人来说我们的确是猛虎，但是我们军人的目的是为人民服务的。对于人民来说，我们就是一头被驯服的老实勤恳地做事的从不讲价钱的牛！”

李排长说：“你说得在理啊！兄弟不才，也是照你们的道理办事，可他们却说俺是打家劫舍，其实，俺是杀富济贫啊！这和你们打土豪、分田地是一个道理。”

李云说道：“你这样说，说明你对我们军人了解得还不够清楚。我们可不是为了几户、几十户的穷人，而是要把这个欺压人的社会连根拔掉，解放所有的穷苦百姓，让他们都能过上好日子。我们并不是只为了眼前的一两顿饱饭，而是为了子孙万代的幸福着想。”

听了李云的话，李排长恍然大悟，起身拱手，充满敬佩地说：“尽管俺是个粗人，但俺服你的这个理。将来如果你们有用得着的地方，我愿为你们效劳。你若不嫌弃，我愿和你交个朋友，你看怎么样？”

就这样，蛮横的草莽英雄变成了一个甘愿为李云效力的朋友。李排长来前所了解的李云的厉害和见面时李云的自谦，肯定让他的心灵有所震动。李云随后又讲出了自己之所以“自谦”为牛的更深层次的原因，从而进一步打动了李排长的心。可见，会说话在人际交往中有着非常重要的作用，同时，会说话也对一个人的事业的发展有着重要的意义。

玫琳·凯女士是世界知名化妆品品牌玫琳·凯的创始人，在事业上，她创造出了斐然的成绩；在生活中，她更被人们称为极具人格魅力的高贵女人。她的一言一行都让身边的人感觉舒适和温暖。她还在创业阶段时，一天，与朋友去逛一家成衣店，恰好听到旁边两个女孩在说话。其中金发女孩试穿了一件衣服，看起来很漂亮。黑发女孩便称赞道：“这件衣服很漂亮，但还是不如刚才那件，那件的扣子更漂亮。”金发女孩听后有点生气地说：“那是什么破衣服，扣子难看死了，我才不要呢！”黑发女孩听后也有些生气，心想自己不就是提个建议嘛，至于发那么大脾气。两个女孩谁也不搭理谁，闷闷不乐地继续逛着。

这时，玫琳·凯走了过去，笑容满面地对金发女孩说：“这件衣服的领子很漂亮，衬得你像高贵的公主一样有气质，假如再配上一条项链，那就更加完美了。”金发女孩很高兴，因为她自己也是这样想的。她怨黑发女孩没有眼光，黑发女孩嘟囔着说：“我也是这样想的，不过没说出来罢了。”玫琳·凯轻轻地把手搭在黑发女孩的肩头上说：“其实，你可以试一下这件衣服，它特别能衬托出你优美的身材。”黑发女孩如获伯乐般地笑了：“是吗？我挺喜欢这件衣服的，但就是不知道适不适合。”玫琳·凯肯定地点点头：“不会让你失望的。当然，如果你们再稍微护理一下面部的皮肤，那么就会更显优雅了。”

故事的发展显而易见，通过这次购买服装的经历，两个女孩成了玫琳·凯的忠实顾客。

可见，会说话不仅能够展现自身的魅力，使别人更易接受你，还会促使你事业或生活的成功。而这里的“会说话”不仅仅是指能够发出语音，更重要的是要讲究语言的艺术。

大多数人的关系，都只是寒暄

语言只是一种工具，通过它我们的意愿和思想就得到交流，它是我们灵魂的解释者。

——蒙田

日常人际交往中，虽然人人离不开寒暄，可是都能运用得自然得体吗？寒暄是日常人际交往的基础。怎样的寒暄能够使他人感到亲切，并能够很快赢得他人的好感呢？

这就不仅要求你在寒暄的时候讲究方式，还要讲究内容。我们常常见到熟人的寒暄内容就是：“早上好！”“吃饭了吗？”“近来好吗？”实际上这种寒暄内容太公式化了。其实，我们可以采用合适的寒暄方式和寒暄内容。

首先，要注意身体语言，以笑脸寒暄，配以适当的身体语言，比如好友重逢，那就是握手或拥抱，眼睛的视线和对方接触，行礼要挺直上身。以优美自然的姿势进行寒暄可以为你赢得好感加分。

其次，根据不同寒暄对象、不同寒暄场合，所采取的寒暄方式也是不同的。对于非常熟识的亲朋好友，就大大方方地问候近况：学业、工作、身体等状况。这样不仅可以加深彼此的了解，而且可以加深互相的情谊。

再次，必须采取主动积极的态度与人寒暄。你主动、积极、爽朗地和对方寒暄，而且附之以和善的微笑，会立刻赢得人家的好感，并很快得到回礼或回应。你应该做到不论对任何人，都主动、积极、爽朗地去寒暄。

以下是寒暄应该注意和把握的几个要点。

1. 赞美之词

当我们遇到许久不见的熟人时，自然而然地赞美他或者她的优点时，能立即获得好感，但是要注意：人们需要的是发自内心的真诚赞美。

2. 以微笑、点头代替寒暄之语

如果我们在路上匆忙之间遇到认识的领导、同事、同学、朋友，那么以微笑的方式点点头就可以了。因为双方都行色匆匆，不宜停下来多寒暄，叫一下他，简单地微笑着点点头，然后挥挥手就可以了。

3. 关切之言

节假日在逛商场或者溜冰、游泳时巧遇熟人，应该抱着关切的态度询问一下：最近怎么样？根据他当时的神态、着装和情绪状态，注意不该问的就别问。

4. 巧妙之辞

当我们需要和某位重要的人寒暄时，比如异性初次约会后第二次“偶遇”、在酒宴上遇到正与之有商务往来的人士，这种一面之识、不熟悉的状况，使得我们的寒暄不宜太过热情，但也不宜太过含蓄而加深陌生感。

寒暄时我们可以先谈谈彼此熟知的话题，比如谈谈明星、社会风气等，然后渐渐转入正题。这种巧妙之辞需要找到双方的共同兴趣点，然后再深入，同时需要把握好度。

寒暄是日常人际关系中的重要组成部分。寒暄这种日常的人际交往语言，看似简单，但要真正恰到好处地说出去，充分发挥其作用，却着实不易。对每位处于社会生活中的人来说，仍然需要依据不同情境，使用合适的寒暄方式，口齿清楚地表达出寒暄的语言，达到融洽的人际交往的目的。

宴会上你才是大赢家

独揽话题的人，既无礼，也无情。

——余光中

借聚会加深交往，更深一层就是借美酒运用良言加深情感交流。喝酒是形式，内容是在欢饮气氛中的语言交流。在推杯换盏之际，得到更多朋友的认可，着实需要发挥你的口才。

在欢乐的畅饮中，人们的交流自然会随着酒杯碰撞而越来越亲近，话语交流也会多起来。正所谓“酒逢知己千杯少”，于是越喝越亲密，越说越欢乐，但是如何在这种场合把话语说得很得体，需要你把握以下几个小要点。

1. 不私语，人人参与

在酒宴上，不要只和一位宾客窃窃私语，尤其忌讳两个人贴耳私语。这样会影响酒宴气氛，让其他宾客产生好奇心，想知道你俩在说什么，或者产生嫉妒心理，“就你俩好”。

你应该尽量寻找大众都能够参与的话题。人们的兴趣、爱好、知识面各不相同，因此话题如果太偏就会忽略众人，只有个别知道的人听得津津有味。

2. 语言幽默而得体

在酒桌上，大家欢乐畅饮，相互熟悉后，不免开些无伤大雅的玩笑，这时就显示出各人的品位、素养及交际风范了。一句幽默而得体的玩笑，会给他人留下很深的印象，并获得他人的好感。

反之，幽默不得体，玩笑开过头，会造成尴尬的局面。这就要求你把握好度：对那些属于他人缺陷的玩笑不能开，可以拿自己适度“开涮”，还可以拿公众人物的形象开玩笑。

3. 适度劝酒

在一起喝酒聊天，聊得欢畅不免就产生“酒逢知己千杯少”的感觉，于是不仅自己多喝，还劝别人也多喝。这样固然可以增进感情，但应该注意适度劝酒。对于那些确实因为酒量小而喝不下的人，不可过度劝酒，勉强他们。因为过度劝酒不仅不能增进友情，有时候还会伤害友情。

4. 注意遵从礼节

中国的酒文化传统悠久。遵从礼节就是在酒桌上，要按照年龄大小、职位高低、宾主身份来敬酒。如果和不熟悉的人一起喝酒，应该先了解清楚情况，或者先观察别人是怎么敬酒的，避免做出各种不合礼节的举动。

如果席间有帮过你忙的领导，你自然应该毕恭毕敬地对他敬酒，但是，你必须留神，如果席间还有比他身份更高或更年长者，那应该先敬身份更高或更年长者，然后依序敬酒。

5. 低调喝酒、中庸语言

酒桌上，如果你的酒量很大，就很"显摆"。注意这样做，即使你的酒量大也会招致不满。

恰当评估自己的实力，尽量保留一些酒量，时刻注意说话分寸，可为你赢得好感，而适度地与人碰杯需要你的酒量。当你应该一饮而尽的时候，你推辞喝不下；当你不该多喝的时候，你多喝了，这些都不合适。

让别人把话说完

要做一个善于辞令的人，只有一种办法，就是学会听人家说话。

——莫里斯

在聚会中，人们互相寒暄完之后，就开始了交谈。这种交谈，当然人人都有发表自己见解的权利。而且在宾客人数众多的交谈中，人们往往会提出适合大家参与的话题。

于是，有个别人在发表自己的见解，大多数人在做听众。发表的见解会受到听众的赞同或反驳，这个时候注意不要打断别人的话，即使你有很好的见解，也不能打断别人讲话。因为打断别人讲话不仅是不礼貌的行为，还会引起不必要的误会。

在聚会中，有些人过于相信自己的理解力和判断力，等不及别人说完，就插嘴发表自己的看法、意见。这种急躁的态度和做法很容易引起误会，因此会给交流带来不必要的麻烦。这样做不仅易于产生断章取义的错误，还常常会给他人留下不礼貌的印象。

当然，聚会中插话有时是不可避免的，但一定要注意插话的时机，先仔细倾听，不能乱插一通，否则会影响聚会的氛围，给自己和他人造成不必要的麻烦。

学会倾听，要注意听别人发言，务必有始有终。许多人都没耐心去听完别人的话，就急于插话，或者因为觉得别人的见解不对，而急于发表自己的见解。比如，脱口而出："我不赞同你的观点，我认为……"或在说话人稍做停顿时，抢着插言："你的意思其实是这样的……"

随意的插话，可能会打断发言人的思路，也可能会引起误会。一个有涵养的人与人交谈时，绝不会随便插嘴。因为打断他人的言谈，不仅是一种不礼貌的行为，而且还会破坏谈话兴味。

在朋友聚会中，我们可能会碰到自己熟识的朋友正和一个不认识的人聊得兴浓，虽然我们想立即加入他们的交谈，但却不可以打断他们的谈话。因为这时我们根本不知道他们谈论的话题是什么，如果贸然地加入他们的谈话，也许会破坏他们的谈兴，使他们觉得我们没礼貌，还可能因为我们的插入而使他们迅速地结束谈话。

假如我们遇到熟识的好朋友正与别人兴致勃勃地交谈，我们正好又有事情要和他说，最好先别打断他们的谈话，在他们说完后再找朋友说事情。如果确实有急事，我们只需要给朋友一点小小的暗示，他自然会找机会和我们说话。

有一点还必须考虑到，当别人在谈话，恰好我们经过并且想加入，这时不能静悄悄地走过去，似乎偷听一样，而应当找时机礼貌地说：“稍稍打扰一下，我可以加入吗？”另外，也可以和朋友点点头，大方地打个招呼，自然地介入谈话。

总之，在各类聚会中，切记不可随意打断别人的谈话，造成尴尬的气氛，带来不必要的麻烦。

07

成交，就在关键的几句话

做销售，如何把话说到客户的心坎里是一门艺术。用打动客户的方式说话，只要说对关键几句，就很容易达成交易。这就是销售的重中之重。

动之以情，用真诚去打动客户

在语言交际中要善于找到一种分寸，使之既直爽又不失礼。这是最难的，也是最好的。

——弗兰西斯·培根

有相关研究表明，在成功的销售案例中，人们对产品的购买欲望的产生原因中，产品知识只占了5%，而95%的购买欲望来自业务员的销售热情。

推销的过程如同攻打一座城堡，而攻城的最佳策略，就是攻心。所谓“上战伐谋，攻心为上”，就是这个道理。推销中的“攻心”，就是用真诚与热情去打动客户。反之，如果一味“强攻”“猛攻”，顾客这座“城堡”只会将你拒之门外。

一位顾客走进一家电器商店。他东看看，西瞧瞧，很快对一台音色清纯透亮、低音浑厚、震撼力强的音响产生了兴趣。

此时，一位男售货员热情地迎上来，满脸职业微笑，主动介绍这款新产品。他的介绍很专业，很流畅，从性能优势到结构特点，从性价比到售后服务，一一道来，并进行了演示。

起初，顾客被他那热情而熟练的介绍所感动，对产品产生了几分好感，本想问点什么，可是他连珠炮似的讲着，自己总也插不上嘴。

于是，顾客的心里就有几分不悦了，特别是当他褒扬自己的品牌而贬低其他品牌时，顾客不免对他的动机产生了疑问：如此夸夸其谈，产品性能是否果真高超？顿时，这种疑虑把先前产生的好感一扫而光，只是出于礼貌不好意思走开。幸好这时又来了一位顾客，他便乘机“逃”出了商店。不用说，那位售货员为他白费了口舌而有几分失望和怨愤。

我们不能不说这是一位训练有素且内行的售货员，但为什么他那滔滔不绝的介绍反而扑灭了顾客的购买欲望呢？这是因为他根本不懂得说话的奥妙。

最能推销产品的人并不一定是口若悬河的人，而是善于表达真诚的人。当你用得体的话语表达出真诚时，你就赢得了对方的信任，建立起了彼此间的信赖关系，对方也就可能由信赖你这个人而喜欢你说的话，进而喜欢你的产品。

不仅推销如此，销售演讲也是同样的道理。背得很熟、讲得最顺畅的销售演讲不一定是好的演讲。滔滔不绝、口若悬河的销售演讲虽然流畅优美，但是如果缺少诚意，那就失去了吸引力，如同一束没有生命力的花儿，很美丽但不鲜活动人，缺少魅力。

因此，演讲者首先应想到的是如何把你的真诚注入演讲之中，如何把自己的心意传递给对方。只有当听者感受到你的诚意时，他才会打开心门，接收你所讲的内容，彼此之间才能实现沟通和共鸣。

有一位老师写了一本书，出版社让他推销1000册。对他来说，这远比讲课要难得多。为了把书推销出去，他在学员队搞了一次演讲，他说：

"……当老师的在这里推销自己写的书，总不免有些尴尬。不过，如今作者也很难，写了书，还得卖书。出版社一下抛给我1000册，稿费一文没有，所以我不推销不行。这本书写得怎样，我自己不好评说。

“不过有两点可以保证：第一，这本书是我用3年时间完成的，是我心血的结晶；第二，书的内容绝不是东拼西凑的，是我自己长期思考的见解。前不久，这本书被思想政治工作研究会评为社科类图书的二等奖，这是获奖证书。说实话，对于我们这些教书匠来说，搞推销比写书还难，只是硬着头皮来找大家帮忙。不过，买不买完全自愿，绝不强迫。如果觉得这本书对你有用，你又有财力，就买一本，算是帮我一个忙。谢谢！”

结果，他的这次推销演讲立即产生了效果，一次就卖掉了300多册。

这位老师不是专职推销员，但是他却获得了成功。从某种意义上说，他的成功就在于他恰到好处地表达了自己的真诚，赢得了听众的信赖。这再一次说明，在销售中学会表达真诚要比单纯追求流畅和精彩更重要。

总之，要想让客户购买你的产品，首先要让他们信任你，而要让客户信任你，你就必须真诚。这也是打动客户最简单有效的办法。

想签单，就别说这些话

对别人述说自己，这是一种天性。因此，认真对待别人向你述说的他自己的事，这是一种教养。

——歌德

如果销售员在销售过程中，一味地介绍产品，往往就会让沟通变得很无趣，因此为了给营销增添色彩，销售员在与客户聊天的时候，常常会聊一些其他话题，如果话题是合适的，当然是可取的。但要注意的是，在交谈的过程中一定要注意一些销售忌语，不能哪壶不开提哪壶，否则就会影响销售成绩和销售员的形象。

以下几个话题是在和客户沟通时应当尽量避免的。

1. 不谈隐私话题

客户的婚姻、财产等个人隐私问题是绝对不能触及的，作为销售员这些都不能主动询问，这是不礼貌的。因为这对销售来说根本就没有任何作用，而且即使知道，对你来说也毫无用处。所以作为销售人员，客户的隐私问题是不能问的，这点必须多加注意。

2. 不谈不雅话题

此外，在销售的过程中，语言的优化也是应当讲究一下的。在交谈过程中一定不能用不雅的词。比如销售员不能和客户互称“哥们儿”，因为客户和销售员的关系并没有亲密到那种程度，这种叫法，显然过了头。而且“哥们儿”这个词隐约带有强制销售的意味，必然会导致客户的反感，甚至使其竭力回避。

3. 尽量避开敏感话题

交易行为是否发生是销售成败的标准，你往往需要费很多唇舌，才能够促使交易顺利进行，因此找到大家都感兴趣的话题是很重要的。但在寻找话题的时候一定要注意，在商言商，最好别谈论和销售无关的话题，特别应当注意避开一些敏感话题。

因为敏感话题的谈论，往往会引发激烈的争执。很多销售员在销售的过程中不能将工作和个人分开，把个人的意见加入自己的销售言语，最终不能使交易顺利进行。

4. 尽量少用专业术语

销售员在提高自身的素养时，掌握专业术语是一项基本功。但在实际的销售过程中，专业术语则应当少用或不用，因为谈话中出现过多专业术语，会影响客户对产品的了解，进而影响交易的顺利进行。有些销售员在销售过程中，滥用专业术语，对客户很好地理解和接受产生了很大妨碍，对于双方的沟通几乎没有正面作用。

简单、通俗的话才是销售的行话，将产品的优点一一说明就行，不必采用过于艰深的专业语言。说服客户购买才是销售最为重要的目的。如果客户对你所介绍的东西根本就听不明白，他往往是不会接受你的产品的。

5. 不要质疑客户

销售仅仅是对产品的宣传推广，而不是试图去改变客户的想法。客户往往会对你的指教很反感，会觉得你在干涉他自由选择的权利。像“你懂了吗？”“你明白我的意思了吗？”之类的话语，是不应该出现在销售话语中的，因为这些话往往会招致客户的反感。

作为销售员，怀疑客户的理解力永远是销售的大忌。相反，谦虚才是销售员应有的态度，而且也往往能大获成功。

6. 永远不要批评客户

作为销售员，批评自己的客户是相当愚蠢的举动。如果你为了推销一件衣服，而批评客户身上的衣服老土，往往会招致客户的反感。

批评是每个人都不愿意接受的，陌生人的批评就更让人难以接受。所有人都希望得到肯定，或是听到赞美的话语。这种赞美往往能产生激励的作用，能促使人们更加积极向上，并且对待生活和工作更有热情。当然赞美也应当讲究方式，发自你内心的赞美才能够达到预期的效果。如果夸大其词，就会让人感觉你缺乏真诚。比如一位体型很胖的女士，你非要夸她身材好，那么她就会认为你是在说反话，是在讽刺和挖苦她。

因此，作为销售员，恰当的说话方式往往是交易得以顺利进行的关键。在销售过程中，一定要分清哪些话可以说，哪些话不能说。说出去的话往往覆水难收，因此不仅仅在销售中，即使在日常生活中也应当注意说话的分寸，以免造成不必要的误会和麻烦。

抢占稀缺的注意力资源

在信息丰富的世界里，唯一稀缺的资源就是人类的注意力。

——凯文·凯利

沟通对事业尤为重要，没有沟通，公司就不会有凝聚力和向心力；没有沟通，就不会有合作；没有合作，就不会有团队；没有团队，就不会有发展；没有发展，就不会有市场；没有市场，就不会成功。

其实，通常一场推销的成败只决定于最开始的一两分钟。一般销售员的前几句话一讲完，客户的心底就已经有了基本的判断。有时，客户因为手头有事着急处理，或者没有耐心听你说完，精彩的开场白就至关重要了。如果简单的几句话就能够抓住客户的心，说出重要的信息，那么你的游说就已经成功了一大半。即使客户暂时不需要你的产品，你也能够获得重访的机会。

白灵在人寿保险公司上班，是一位优秀的推销员，通过客户何先生的介绍，结识了一位有保险需求的朋友童先生。几天以后，白灵联系了童先生，并希望预约这位客户。

电话接通后，白灵首先简单问候了身为经理的童先生："童经理，您好！我是白灵，何××和您是很好的朋友吧？我代表她向您问好。"

童经理很不耐烦，冷漠地说："是的！"

接着白灵说："我知道您一向很忙，不知道这周您什么时候有空，我能耽搁您5分钟吗？"

童经理冷漠地说："你是想推销东西吧？我不需要买东西。之前很多推销员都推销过了。"

白灵并没有因此放弃，她坚持说道："童经理您放心，我不会向您推销任何东西。明天上午10点，您可以抽出5分钟的时间见个面吗？"

童经理虽然不高兴，但还是同意了："好吧，那你抓紧时间，10点半之后我还有别的事，希望你不要超时。"

白灵经过一番争取，终于获得了与客户见面的机会。

第二天上午10点，白灵准时到达，并和童经理寒暄道："我知道童经理很忙，我一定会遵守5分钟的约定。"于是白灵在有限的时间内尽量简短地完成了自己的提问。在这短短5分钟内，白灵已经抓住了童经理的心理。对这项产品，童经理似乎还有话要说。这时白灵乘机问道："童经理对于我们的产品，还有什么要咨询的吗？"

在接下来的时间里，童经理向白灵详细地咨询了关于产品的一些事项。之后经过几次谈判，白灵很容易就使童经理对产品有了进一步的信任，并让对方同意先订购一部分。

这个案例中，在几分钟时间内，销售员白灵就为自己争取到一个见面的机会，之后又在开场阶段抓住了客户的心理，同时用保证打消了他的疑虑。白灵的话语不仅使谈话的局面得以展开，还给客户留下了守信誉的印象，使得销售的过程得以稳步推进。

实际上这种方法在推销界有着广泛的应用。虽然只有短短几分钟，但这段时间并不是让你把产品介绍清楚的，而是让你了解客户，从而赢得下一次与其见面的机会的。事实上，这几分钟也是至关重要的，它是你推销自己和产品的前提和基础，也是正式约会的序曲，只有在这一步获得成功，你才能够进一步了解客户的需求，以客户最在意的部分去吸引他的注意。相反，如果你没有充分利用推销的前几分钟，那么连提起产品的机会都无从谈起，推销产品就更是奢望了。所以，为了赢得成交的机会，把握住最初的几分钟是十分关键的，它会为你赢得转机。

开头几分钟的谈话技巧，就在于你要引起客户的兴趣，抓住客户在生活中、工作中最关心的事情。使客户尽可能地把目光放在你的身上，是最为重要的。谈论的话题一定要和客户产生共鸣，不能和客户发生争论，否则客户会丧失和你谈话的兴趣，这不利于推销活动的开展。

客户需要安全感

在购买时，你可以用任何语言；但在销售时，你必须实用购买者的语言。

——玛格丽特·斯佩林斯

作为销售员与客户沟通的主线，交流是销售得以顺利进行的前提条件。如果销售员能够与客户顺利地交流，那么离成功也就不远了。因此，在执行自己的销售使命时，销售员一定要以认真的态度来和客户进行交流和沟通，这样才能保证交易的顺利进行。

1. 寒暄是沟通的第一步

一般来讲，寒暄并不仅仅是几句简单的客套话，而是推销员与客户拉近距离、建立关系的第一关。得当的寒暄，往往能够开启销售的第一道大门。

寒暄或问候语是销售不可或缺的。它与此次产品的推销在表面上虽然没有关系，但却能拉近销售员和客户的距离，并促使交易的成功。即便不熟悉，简单的寒暄也会使气氛变得活跃，使人们之间的关系变得更加亲密。

2. 不要反对客户的疑议

在沟通中过于强调自我，而忽视客户的建议，是销售员比较容易犯的一个毛病。尤其当客户对产品抱有疑问的时候，更容易引起双方的分歧。有时候客户只是表达他们的不解和想要了解的问题，如果此时你一味地强调自己的观点，并反对他们的意见，不仅不会消除他们的疑虑，反而会加大你们之间的分歧。所以，恰如其分地给客户留一点空间是相当必要的。作为销售人员，对于客户的反对意见，应当表示理解，并竭力为其解决疑惑。只有这样，交易才能顺利进行。

3. 要有恰当的说话方式

在销售过程中，“祸从口出”是最应当避免的。为了防止不当的说话方式，杜绝主观性的议题、少用专业性术语、不说夸大不实之词、禁用攻击性话语、避谈隐私问题这几个方面是作为销售员必须注意的。

4. 找到与客户的共鸣

与陌生人第一次见面时，由于拘谨，会感到很不自在。这种情况在许多销售员身上都比较常见，这是因为心理上的不自信，只要进行适当的调整，这些情况是可以避免的。

留心对方的言谈是和陌生人交谈的第一步，因为此时你对他还不了解，无法找到共同话题。只有多留意对方说话的方式和声调，才能决定下一步应该说什么。

如果遇到比较不爱说话的人，谈些无关紧要的事会让交流的氛围轻松下来，这样才能让他安心地和你交谈。此外，话题的选择也是很重要的，要尽量避免一些容易引起争议的问题，除了口头语言，谈话过程中的肢体语言也是很重要的，如果对方的眼神中流露出厌倦、冷淡的情绪，就应当换一个话题。

总之，销售员一定要具备打开客户话匣子的能力，让客户敞开心扉，这样才能使你的推销找到着眼点，也会使你更加容易打动客户。俗语说，“知己知彼，方能百战不殆”，只有对客户有所了解，才能够保证交易的顺利进行。

营销总监都在偷偷学习的沟通术

不怕别人说过，怕的是自己没说出新的角度和有新意的东西。

——白岩松

良好的口才是销售员的必备硬件，但口才并不是天生的，它要求销售员具有一些知识储备和积累。比如产品推销者，不仅仅需要对产品有透彻的认识，还需要一些外交策略，以及友好的服务态度。下面列出的一些素质，都是作为销售员所必须具备的。

1. 知识

销售员对于自己推销的产品和客户都应非常熟悉。如果在客户询问产品的有关情况时回答不上来，就会令其产生不信任感。相反，如果销售员的学识比较广博，并对产品十分熟悉，能够清楚地说出产品的特性与功用等，就能够赢得客户的信任，并刺激客户的购买欲。

2. 礼貌

和蔼的态度是必不可少的。在销售员向客户推销产品的时候，应采取比较友善恭敬的态度。为了能够自然地表现出谦和、有礼的语气，作为销售员必须心怀诚意。有些销售员缺乏基本的业务精神，认为向客户介绍产品是一种枯燥无味的事情，并对客户爱答不理。其实对于顾客来讲，往往是真的不了解，对于他们的询问，作为销售员是应该给予清晰地解答的。

3. 热忱

推销应该是一项充满热忱的行业，销售员应当用自己的销售热忱去感染客户的购买热忱。只有你的推销足够“热忱”，才能轻易克服来自客户的偏见和抗拒。如果销售员丧失了热忱，那么他的销售活力也就几近于零，而消极的销售状态是很难有所成就的。

4. 服务意识

面对有购买欲的客户，作为销售员应当考虑客户究竟需要哪些服务。通常情况下，你越是愿意为客户服务，客户也就越能够更加诚挚地回报你。

5. 创见性

具有想象力的语言，才更加能够打动人。因为客户的购买标准是多种多样的，通过你的想象力，可从不同角度对产品的价值进行介绍，从而符合客户的标准。比如对于产品颜色的阐释，就有着较大的自由度。如果产品是黑色的，可以说“黑”显示高雅；如果产品是红色的，可以说红色更有活力。具体如何发挥，你的想象力是很重要的。

6. 建设性意见

在推销、谈判不能继续进行而陷入僵局时，建设性意见的提出就很有必要了。这种意见往往能使销售峰回路转，发挥好的话，会使你赢得客户的尊敬和信任。

7. 友情

如果能在推销中加入友情元素，自然最好不过了。这会使你的销售更加顺利。在推销的过程中，客户提出的任何要求，只要是能做到的，作为销售员都应当尽量办到，而不能出现浮躁不耐烦的现象，并且要以坦率、诚恳的态度去对待。

8. 外交手腕

一位有经验的销售员，应该是相当有智慧的，并在销售的过程中能够运用一些外交手段。在客户不满意的情况下，既做到不与客户争吵，又能够巧妙消除矛盾。例如，客户对你拿给他看的产品不满意，做些让步是必须的，这比辩解更容易使问题得到解决。比如，销售员可以这样说：“对不起，可能您的意思被我理解错了。”这样，矛盾就比较容易化解了。

9. 耐性

作为销售员，足够的耐性是很有必要的。因为只有这样才能打消客户的抗拒心理。销售员应当锲而不舍，不使任何一个机会白白溜走。若你觉得对方是你推销产品的潜在客户，就应该对这位客户不断地游说，如果因难为情而放弃，那就功亏一篑了。

10. 适应性

随机应变是销售员的必备素质之一。由于工作状况经常是不稳定的，因此无论处于什么情况，销售员都应该有迅速而敏捷的反应能力。另外销售员在推销产品的时候，一开始不要将优点全部说出，应当有所保留。因为在推销的过程中，客户的疑虑和动摇随时都有可能产生。在这种情况下，销售员就能够逐步将产品的优点讲解出来，作为新的补充和解释，从而重新打动客户，坚定客户购买的决心。

所以，作为销售员是需要多方面的素质的。对业务知识的掌握，对市场行情的明确判断，对客户心理的兼顾，都是交易成功的重要筹码。当然，最重要的还是要有一个好的口才，把这些因素充分地表达出来。

营销就是用语言搞定人

营销是没有专家的，唯一的专家是消费者，就是你只要能打动消费者就行了。

——史玉柱

只有真诚的动机，才能催生高尚的言语。

而要想使话语显得真诚，就需要一定的说话技巧，使用一些十分巧妙的言语，同时，还应当有情感和神态动作等方面的帮助。这是一种包含着真诚动机的商品销售形式。当然，这些巧妙话一定不是虚伪的，而应该是真情实意的。实际上巧妙话是对顾客的某种心理需要的满足。

销售中的巧妙话需要一定的技巧与经验，并不是每个销售员都能够掌握的。从整体上看，巧妙话主要包括以下几方面的内容。

1. 诚恳与亲切的态度

传递思想、表达情感是说话的目的所在。因此，除了说话内容，语言的神态、表情也是至关重要的。例如，当自己需要别人帮助的时候，提出请求时应当显得诚恳有礼；在得到别人的帮助之后，应当适时表示感谢之情。即使没有得到帮助，也不能对别人流露出不满意的表情，仍然应向对方表达谢意。如果自己的要求得不到满足，就马上冷若冰霜，对方一定会认为你不懂礼貌。另外，与年长的人说话时，要多用敬语，而谈论自己的时候则应多用谦语。

2. 平和而适中的声音语调

在与人说话的时候，声音不必过高，不管在室内还是室外，只要能够准确地传达给对方就行，而在语言的声调上要平和沉稳。与别人对话时，尽量不要加大嗓门，也不要在语言中加一些无意义的语气词，像“啊”“嗯”之类都是应当竭力避免的。在说话时如果能够克服这些毛病，就会给对方一种自然、亲切的感觉，就算有一个良好的开端了。

3. 举止端庄，措辞讲究

在与人说话时，不要“皮笑肉不笑”，也不要刻意做作，这样会让人感觉很虚伪。说话时的动作要适度、端庄，让对方感到自己是值得信任和可靠的。此外，在必要时可以加入一些手势，当然要看上去显得端庄。不能在说话的时候乱翘腿、乱晃等，这会显得不雅观。

4. 既要自信，又要谨慎

为了增加可信度，并使对方感觉到来自你内心的力量，在说话的时候语气一定要自信。而在说话之前，要将自己所说的话先在脑子里过一遍。所谓三思而后行，这里所说的思考，主要有两层意思：一是知己知彼，对对方的脾气、心境有个大概的估计，以准备谈论的话题；二是对表达方式有所准备，像说话方式、声调等都是需要考虑的。

5. 根据谈话对象确定谈话主题

任何交际都是一种双向互动，都有着特定的对象。因此在与人说话的时候，谈话对象的实际情况是必须考虑到的，必须根据对方的年龄、身份以及彼此间的关系等灵活选择谈话的主题，并恰当地表达出来。人们常说的“对牛弹琴”，就是对说话不看对象的形容与描述。

具体地说，根据谈话对象的差异，以下几个方面在交谈过程中是必须考虑到的。

首先由于性别的差异，对男性而言，简洁直白的语言是必要的；而对于女性，温和委婉的语气则较为恰当。其次，鉴于年龄的差别，对年轻人可以使用富有激情的语言；对中老年人，则应以商量的口气，使他们觉得自己受到尊重。此外，性格的差异、兴趣爱好的不同等都需要使用不同的说话方式。总之，销售员的说话方式应当是到什么山头唱什么歌，只有这样才能够提升业务成功的概率。

6. 礼貌的态度，虚心的精神

首先，不要忽视日常生活中的一些礼貌用语。其次对年长的人用敬语，对自己则使用谦辞。再次，在语气上多使用商量语气，对于命令语气则尽量少用或不用。因为商量的语气会显得文雅、谦逊，也更容易让人接受。在交流中最为重要的一点就是，说话的时候要考虑语言环境。在不同的场合，谈话的语气、语调都是不同的。因为即使语言相同，不同的语调和语气也会产生不同的效果。

在销售的过程中，如果能够对上述技巧灵活运用，不仅仅局限于销售领域，甚至在整个人际交往中，你都能够获益良多。当然只有经过不断的实践和练习，你的推销技巧才能真正有所提高。